잡
담

지승호

고종석

조국 이후의 한국 정치

싱긋

서문

햇살 좋은 가을날, 지승호 형과 내 작업실에서 네 시간가량 이야기를 나누었다. 이 책은 그 이야기의 기록이다. 한국 정치 세력이 조국 사태를 계기로 좀더 다양해질 필요가 있다는 이 책의 주장에 독자들이 공감하기 바란다. 느닷없이 이 책에 불려나와 비판의 대상이 된 분들께 미안함을 전한다.

2019년 11월

고종석

서문

얼마 전 서울 성북구의 다세대주택에서 70대 어머니와 40대의 세 딸, 네 모녀가 목숨을 끊었습니다. 촛불혁명을 거쳤다고 하는데도 불구하고, 가난한 사람들의 삶이 여전히 나아지지 않고 있는 증거 중 하나라고 볼 수 있을 것 같습니다.

촛불혁명은 우리에게 무엇이었을까요? 아니, 혁명이긴 했을까요? 문명사학자 이병한은 윤여준 전 환경부 장관과의 〈아이브 매거진〉 인터뷰를 통해 "촛불 시민들이 이야기하는 적폐 청산이라는 것이 지난 10년을 청산하는 것은 아니었다고 저는 생각해요. 10년을 계기로 적게는 민주화 이후 30년, 크게는 지난 100년을 반성하자는 의미였다고 봤는데 지금 한국 사회가 돌아가는 모습을 보면 모든 적폐의 근원이 지난 10년에 있는 것처럼 이야기하는 것 같아요"라고 얘기하면서 '촛불이 80년대 운동권 세대에게 납치당했다'는 우려를 표합니다.

2017년 미국 외교전문지 〈포린 폴리시〉에서 선정한 '올해의 사상가 50인'에 꼽히기도 했던 북한 전문가인 안드레이 란코프 국민대학교 교수 역시 이 매체의 인터뷰를 통해 "혁명은 그전과 그후가 완전히 다른 세상이어야 합니다. 어떤 계기로 제도와 문화가 한번에 전환되는 사건을 우리는 혁명이라고 합니다. 촛불은 그렇지 않아요. 촛불이 일어난 지 꽤 시간이 지났지만 우리의 삶에서 크게 바뀐 부분이 없습니다"라고 지적합니다.

물론 그 이유에 대해서 정치세력들은 서로에게 책임을 미루지만, 그렇게 목숨을 끊는 사람들의 심정을 과연 모든 정치세력이 진심으로 이해하고 공감하고 있을까요? 불행하게도 그런 것 같지는 않습니다. 고종석 선생의 요청으로 지금의 상황을 둘러싼 인터뷰를 했습니다. 두 회의주의자의 대화는 많은 사람들을 불편하게 할 것 같기도 합니다. 애초에 어느 쪽의 사랑을 받기는커녕, 양쪽 모두의 미움을 살 수밖에 없는 운명의 텍스트일 것 같습니다. 하지만 고종석 선생께서 나름의 애국심을 가지고 요청하는 대화를 거절할 수는 없었고, 다음 세

대들에게 이런 생각을 가진 50대도 있다는 것을 보여주지 않으면 왠지 나중에 부끄러울 것 같다는 생각이 들었습니다. 부디 이 대화가 한국에 다양한 정치세력이 서로 경쟁하는 구도가 형성되는 데 조금이나마 도움이 되었으면 좋겠습니다. 그러기는 쉽지 않겠지만 말입니다. 그리고 고종석 선생의 건강이 회복되어 다시금 집필 활동을 하셨으면 좋겠습니다. 몇몇분들에 대한 비판은 그것이 애정에 바탕을 둔 것이라고 생각해주셨으면 더 바랄 것이 없겠습니다.

광화문 집회와 서초동 집회를 두고 대한민국이 둘로 갈라졌다고 했습니다. 저는 대한민국이 크게는 셋으로 갈라졌다고 생각합니다. 두 집회 모두에 참석할 수 없었던 사람들도 꽤 있었다고 보거든요. 광화문 집회의 대표 정서가 60~70년대에 머물러 있었다면 서초동 집회의 대표 정서는 80~90년대에 머물러 있었던 건 아닌가 하는 생각이 듭니다. 그래서 젊은층을 대변할 수 있는 정치세력이 등장해야만 하고, 그런 새로운 정치지형을 만들기 위한 새로운 상상력이 필요하다고 생각합니다.

비스마르크는 '역사 속을 지나가는 신의 옷자락을 놓치지 않고 잡아채는 것이 정치가의 임무'라고 했습니다. 정치인들이 그 기회를 잡아챌 수 있기를 바랍니다.

2019년 11월

지승호

차례

본편

진보-보수 체제가 조국 사태로 무너졌다

지승호(이하 지)_ 왜 조국 사태에 대해서 특별하게 생각하게 되셨나요?

고종석(이하 고)_ 내 생각에는 조국 사태를 통해서 1997년 체제가 종말을 고한 게 아닌가 해. 1997년 체제라는 것은 흔히 쓰는 말은 아니지만 말 그대로 DJ가 정권을 잡은 이후의 한국. 사실 6월항쟁으로 출범한 제6공화국에서 정치적 민주주의는 계속 발전을 해왔지. 그러니까 1987년 이후로 보면 일반 민주주의는 조금씩 계속해서 발전해왔다고, 사실은. 그런데 나는 그 기간을 1987년 체제와 1997년 체제로 나누고 싶어. 1987년 체제, 그러니까 노태우, 김영삼 정권 때는 다소간 군부독재의 영향과 싸우는 측면이 있었기 때문에 민주-반민주 투쟁 시절이라고 볼 수 있다면, 1997년 DJ가 역사상 처음으로 선거를 통한 여야 교체를 이룬 뒤에는 군부가 정치에 간섭할까봐 걱정하는 일은 없어지고 정치세력이 진보냐 보수냐가 중요해지기 때문에 진보-보수 투쟁 시절이라고 볼 수 있지. 김대중 정권을 진보 정권으로 본다면 그렇단 말이야. 사실 나는 한국 사회에서 일반적으로 쓰이는 진보좌파, 보수우파라는 말의 용법에 동의하지 않기 때문에, 김대중 정권이 진

13

보 정권이라는 데 전적으로 동의하는 건 아니지만, 일단 일반적인 말의 용법에 따르면 그렇단 말이야. 그런 용법에 따르면 문재인 정권도 진보 정권이지.

지_ 그렇게 말하는 게 일반적 용법이죠. 민주당 계열 정당은 진보, 한나라당 계열 정당은 보수, 이렇게.

고_ 그렇지. 그러니까 김대중 정권을 진보 정권이라고 부르는 게 일반적이지. 내 생각에 딱 알맞은 명칭은 아니지만. 그러니까 1987년 체제, 즉 민주-반민주 체제 이것이 1997년 선거로 종말을 고하고 진보-보수 체제가 된 거지. 그런데 나는 이 진보-보수 체제가 조국 사태를 통해 무너졌다고 생각해.

지_ 대선이나 총선 같은 큰 사건이 없었는데 체제가 변했다고요?

고_ 그만큼 조국 사태의 영향이 컸다는 거지. 총선이나 대선 같은 커다란 정치적 사건이 없었는데도 진보-보수 체제를 껍데기로 만들 만큼. 어떤 측면에서 보자면 진보-보수 체제를 껍데기로 만들었다기보다는 진보-보수 체제라고 내가 규정한 1997년 체제의 속살을 드러냈다고도 할 수 있지. 그런 점에서 사람들이 조국씨한테 다마네기 조라는 별명을 붙여

준 건 시사하는 바가 크다고 봐. 벗기고 벗기고 또 벗겨도 껍질이 남아 있었던 게 1997년 체제였다는 거지. 이 조국이라는 사람이, 말하자면 대학교 다닐 때부터 끊임없이 자기는 진보좌파라고 주장해온 사람이잖아. 사노맹의 하부 조직에서도 일했다고 하고. 그런데 이 사람이 막상 세상에 드러낸 여러 가지 추한 꼴들, 그 사람과 그 가족이 무죄인지 유죄인지는 아직 알 수가 없지. 재판을 해봐야 하니까 미리 말할 수는 없지만, 흔히 진보가 뜻하는 게 약한 사람들과의 연대라면, 그리고 사회의 공정성이라면, 이 조국이라는 사람은 살아오면서 약한 사람들과의 연대는 전혀 하지 않았어. 사회의 공정성을 위해 스스로 실천한 바도 없고. 말은 많이 했는데, 트위터에서나 페이스북에서도 많이 하고 했는데, 실제로 드러난 것은 그게 아니잖아. 이 사람은 아마 자기와 가족들을 특별한 신분의 사람으로 취급했던 거 같아. 그러니까 일반인들과는 구별되는 신분의 사람으로 여겼던 것 같아. 그런데 조국이라는 사람이 별난 사람이냐, 소위 진보라는 말을 즐겨 하는 사람들 중에서 중뿔난 사람이냐 하면 그건 아닌 거 같아. 조국씨하고 비슷한 사람들은 굉장히 많이 있을 것 같아. 강준만 교수가 유행시킨 강남좌파라는 말로 자칭하기도 하고 타칭하기도 하는 사람들 사이에서도 많을 것 같단 말이지. 이 강남좌파라는 말은 일찍이 미국에서 쓰였던 리무진 리버럴이라는 말과도 비슷하고 요즘에는 브라만 좌파라고도 하는 모양인데, 어찌됐든 자신의 기득권적 계급 기반을 배반하고 언어와 행동으로 민중에 밀착했던 사람들을 말하잖아. 비아냥거림이 담겨 있는 경우가 많긴 했지만, 조국 같은 사람들은 강남좌파라는 말을 자랑스럽게 내세웠지. 그런데 강남좌파든 강남진보든 좌파 또는 진보는 약자와의 연대, 사회적 공정성, 이런 것들을 중요한 가치로 체화하고 있는 사람들을 뜻하잖아. 그런데 그것이 환상이었다는 게 이번 조국 사태―나는 '조국의 난(亂)'이라고 부르고 싶은데―에서 드러난 거야. 조국씨는 사회적 약자와 연대하려 하지 않았고 사회적 공정성을 이루려는 노력도 하지 않았어. 오히려 정반대로 살아왔다는 게 드러났어. 남은 게 뭐겠어? 환멸이지. 조국씨가 무시무시한 짓을 한 거야. 사실 조국씨가 장관 욕심을 내지 않았다면 그냥 넘어갈 수도 있었던 사실이 드러난 거야. 뭐, 난 하느님을 믿진 않지만 신의 섭리인지도 모르지. 그리고 조국만이 아니라 조국과 같은 계급의 사람들이 그렇겠구나, 입으로 뭐라고 하든, 그 사람들 입으로 '나는 진보다'라고 말을 해도 실제의 삶은 그렇지 않겠구나, 라고 사람들이 생각하게 된 거지. 그런 면에서 1987년 이후 민주와 반민주, 1997년 이후 진보와 보수,

이렇게 크게 양분됐던 한국의 정치세력이 더 잘게 나뉠 계기가 왔다, 나는 이렇게 보는 거야. 이때 말하겠지만, 그건 양당제의 시대에 작별을 고하고 다당제의 시대가 와야 한다는 거지. 지금도 순수한 양당제는 아니지만, 사실상 더불어민주당과 그 아류정당, 자유한국당과 그 아류정당으로 나뉘어 있는 사실상의 양당제잖아. 나는 우리 정치판이 조국 사태를 계기로 진정한 의미의 다당제로 나아가야 하고, 나아갈 수밖에 없다고 생각해. 그런 점에서 조국이 꼭 나쁜 일만 한 건 아니지.

지_ 조국을 지지하는 사람들 입장에서는 굉장히 사소한, 표창장 위조 문제라든지, 사모펀드 문제도 조카한테 사기당한 건데 너무 가혹한 거 아니냐, 정경심 교수 구속에 대해서 굉장히 격분하고 있는데요. 이 점에 대해서는 어떻게 생각하세요?

고_ 나는 표창장 위조라는 것도 간단한 문제는 아니라고 생각해. 내 아이들은 특혜를 통해서라도 다른 아이들에 견줘 좋은 학교에 보내야 한다는 생각이 깔려 있으니까. 그리고 사실 사모펀드 문제는 표창장 문제와 비교가 안 될 정도로 큰 범죄랄 수 있는데 재판결과가 나와봐야 알 수 있는 문제이니 지금은 뭐라고 말할 수는 없겠지만, 항상 진보를 외쳐온 사람이,

17

소위 진보 정권이 들어서고, 진보 정권의 청와대 민정수석을 했던 사람이 사모펀드를 했다, 나로서는 조국을 옹호하는 사람들을 이해할 수가 없어.(웃음) 지형은 생각이 많이 다를 테니까 조국에 대해서도 연민을 가질 수 있다고 생각해. 그렇지만 요새 그런 말이 많이 나오잖아. 조스트라다무스니, 조만대장경이니, 조적조니 하는 말들.

지_ 세간에는 조로남불이라는 말까지 회자가 되었었죠.

고_ 예전에 조국씨가 SNS, 특히 트위터를 많이 했는데, 막상 고위 공직자가 되니까 자기가 트위터에서 했던 말의 정반대로 행동했잖아. 어떻게 저렇게 언행일치가 안 될 수가 있나, 저 사람에게 진보는 무엇인가, 저 사람과 저 사람을 옹호하는 사람들의 진보는 무엇인가, 그래서 이 조국 사태의 정치사적 의미가 굉장히 크다고 나는 생각해. 그걸 너무나 많은 사람들이 알아버렸다는 거지. 독일 출신의 이탈리아 정치사회학자 로베르트 미헬스는 부르주아가 프롤레타리아의 검술 교사라는 온당한 말을 했는데, 조국은 그 부르주아들 대부분이 위선적이고 부패한 교사라는 걸 스스로 폭로한 셈이지. 그래도 여태까지는 사람이 보수건 진보건 간에 심지어 보수적인 사람도 '어쩌면 진보 쪽 사람들이 윤리적으로는 우리보다 나을지 몰라' 그런 마음을 가지고 있었다고 생각해.

정치세력이 다양하게 나뉠 때가 왔다

지_ 쭈뼛쭈뼛했었죠. 예전에는 세상 바뀌면 니들이 우리를 고문하라고 조롱했던 고문기술자도 있었고요. 속으로 열등감은 분명히 가지고 있었던 것 같습니다.

고_ 그렇지. 그런데 완전히 그 사람들에게 해방감을 주어버린 거라고. 그런 죄의식에서 벗어나게 해준 거야. 광화문 집회가 처음에 자한당도 관여하고 했지만, 자한당 집회만은 아니라고 생각해. 어려운 조합인데, 문재인 대통령을 지지했다가 문재인 대통령에게서 이탈한 사람들이 많다고 생각해. 내가 생각하는 진보가 이런 게 아니었는데, 실제로 진보라고 말하는 사람들은 이렇게 사는구나, 이런 생각을 갖게 한 거지. 특히 조국 같은 사람은 자기 SNS 프로필에 학술연구와 앙가주망을 같이 한다고 써놨는데, 이것 참 고약해. 여기서 조국이 앙가주망이라는 말로 뭘 가리키는지는 좀 모호하지만, 청와대 민정수석을 하다가 법무부 장관을 잠깐 한 것을 앙가주망이라고 표현했다고 해석할 수 있거든. 이건 앙가주망이라는 말 자체를 희화화했다고 생각해. 앙가주망은 흔히 우리말로 '참여'라고 번역들을 하는데, 참여라는 것이 벼슬자리를 한다고 해서, 장관벼슬을 했다고 해서 참여라고 할 수 있는 것이 아닌데, 그 사람은 좀 이상하게 생각하는 것 같아. 자기가 민정수석을 하고 법무부 장관을 한 이런 것을 앙가주망이라고…… 글쎄 본디 지식인이 위선적이라는 시각도 있고, 지식인이라는 계급 자체가 가진 매판성, 항상 자기보다 센 놈한테 붙어서 떡고물이라도 먹는다든가, 이런 놈들이라는 시각도 있으니 내가 지금 하는 말이 다 헛소리일 수도 있지. 그런데 조국은 단지 지식인인 것만이 아니라 좌파를 자임하는, 진보를 자임하는 지식인 아냐. 그런 지식인의 위선이 사람들에게 큰 충격을 준 거지. 뭐 지식인을 어떻게 정의해야 될지는 나도 모르겠고, 꼭 지식인이 아니더라도 마찬가지야. 지식인이 아닌 일반 민주당 국회의원들, 정의당 국회의원들, 대부분이 그렇다고 생각해. 이 정권의 관료들, 그자들도 결국은 조국을 옹호하는 것으로 봐서는 그 사람들 생각도 결국 말만 진보고, 말만 좌파지, 행동으로는 이어지지 않는 언어에 불과한 게 아닌가, 그러니까 힘든 사람들과의 연대라든가 사회적 공정성이라든가 하는 걸로는 이어지지 않는 언어에 불과하지 않은가, 그것이 그 사람들의 속생각이 아닌가 하는 생각이 든단 말이야. 그래서 내가 아까도 얘기했지만 여태까지 정치세력과 그 지지자들이 커다란 정치세력, 그러니까 민주 세력과 반민주 세력, 그다음에 진보 세력과 보수 세력으로 나뉘었다면 이제는 정치세력이 좀더 잘게 나뉘어야 할 때가 왔고, 그래서 내가 주장했던 것이 독일식 내각책임제로의 개헌이야. 선거법을 개정해서 비례대표를 늘리고, 말하자면 독일처럼 비례대표와 지역구 대표를 같은 수로 만들고, 한마디로 말해서 지금의 국회의원 수를 두 배로 늘려도 돼.

지_ 선생님이 어느 자리에선가 500이나 600명으로 늘려도 된다고 하셨는데요. 한국 사람들은 국회의원에 대한 불신이 커서 줄이자는 의견이 더 많습니다만.

고_ 국회의원 수를 늘리면 국민 세금을 더 쓰는 것 아니냐고 할 텐데, 세비나 특혜를 지금의 반 이하로 깎는 거야. 수를 늘리되 세비와 특혜를 반으로 줄여서 일하는 국회를 만들자는 거지. 그러면 사람들이 국회의원이 별것 아니라고 생각하게 될 수도 있고.(웃음)

지_ 북유럽처럼 일부 의원들이 자전거를 타고 다니게 하고요.(웃음)

고_ 그렇게까지는 어려울 거야. 그 나라들은 우리랑 사이즈가 다르니까. 그렇게 하기는 어려운데, 자전거 타고 그러면 좋지.(웃음) 총리건 국회의원이건 자전거 타고 다니고. 그래서 내가 독일식 내각책임제를 주장했던 것이고. 비례대표제도 지금처럼 정당 득표율이 비례대표의원 수만을 결정하는 병립형이 아니라 그 정당의 전체 의원 수를 결정하는 연동형으로 만들어서, 연동률이 100% 되게, 각 정당이 배당받는 의석 수가 정당투표 득표율에 고스란히 비례가 되게 하자는 거지.

지_ 정당 득표율이 10%가 되면, 비례대표 국회의원이 10%가 되게.

고_ 아니 그건 지금 같은 병립형 비례대표제일 때 최선의 경우가 그렇다는 거고, 독일 같은 연동형 비례대표제를 채택했을 땐, 정당 득표율이 10%가 되면 최선의 경우 비례대표 국회의원만이 아니라 그 당의 국회의원 전체가 10%가 되지. 그렇게 연동률이 100% 돼야지 그게 진짜 민주주의지. 지금 하여간 개헌은 물 건너간 거 같고 선거법 개정을 하려고 하긴 하는 모양인데, 연동률 100%는 내 꿈속에나 있는 거고 의원 수를 10% 늘리자는 정의당 어느 분의 제안도 자한당에서 반대하고 있는 모양이니, 참.

지_ 지역구 의원들의 자기 이해관계에 엮여서 그렇게 바꾸긴 어려울 텐데요.

고_ 그게 큰 문제지. 지역구 의원들만이 아니지. 지금 정의당에 대해서 말도 하기 싫지만, 이런 자리에서는 말을 해야 되겠네.(웃음) 정의당이 만약에 조금이라도 집권 생각이 있다면, 지금처럼 민주당의 위성정당으로서 민주당의 따까리나 하지 않고 연립정부를 만들어서라도 집권당을 하고 싶다면 당연히 독일식 내각책임제를 주장해야 된다고. 독일식 내각책임제는 소수정당에 유리하니까. 2차대전 후의 서독과 1990년 이후의 통일 독일에서는 단독 집권이 없었어. 한 정당만의 단독 집권이. 독일에서 제일 큰 정당이 중도우익 정당인 기민련(기독교민주연맹)과 지난 총선에서 많이 찌그러진 중도좌파 정당 사회민주당이잖아. 사민당이나 기민련이 과반 득표를 못하니까 항상 다른 정당이랑 연합을 해서 정부를 구성했어. 아, 참 바이에른주에 기사련(기독교사회연맹)이라는 정당이 있는데, 그 정당 후보들은 바이에른주에서만 출마를 하고 다른 데서는 전혀 출마를 안 해. 반대로 기민련은 다른 모든 주에서는 하되 바이에른주에서는 후보를 안 내. 말하자면 기민련과 기사련은 일종의 자매당이야. 기민련, 기사련은 같이 붙어 다

닌다고. 사실상 자매당이라고 할 수 있는데도 기민련-기사련
이 합해서 과반 득표를 한 적이 없다니까. 보통은 친(親)기업
우파정당인 자유민주당이 연정 파트너지. 사민당 같은 경우
녹색당이랑 연정을 한다든가, 아니면 최근처럼 대연정이라고
해서 기민련-기사련이랑 사민당, 이렇게 제일 큰 정당끼리
힘을 합쳐서 연정을 구성할 수도 있고, 어쨌든 정의당의 위치
를 보면 독일의 녹색당이나 자유민주당을 비롯해서 그런 정
당과 비슷한, 사실은 이념과 상관없이 그 정당들보다도 더 작
은 소수당인데, 이 소수당이 집권을 하려면 독일식 내각책임
제가 아니면 불가능해. 그러니까 지금 같은 사실상의 양당제
가 아니라 실질적인 다당제가 돼야 정의당이 집권을 할 수 있
다고. 연립정권을 통해서. 내각책임제가 아니면 영원히 집권
을 하지 못하는데, 이 사람들은 그걸 주장하지 않는다고. 답답
한 노릇 아냐? 실제로 정의당은 집권을 할 생각이 없지 않느
냐는 의심을 받을 수밖에 없지. 말은 어떻게 어떻게 해서 언
제 집권을 하겠다고 하는데, 대통령 선거를 해서 정의당이 어
떻게 집권을 하겠어? 대통령중심제에서 집권당이라고 하면
대통령이 속한 당이 여당이고 집권당인데, 정의당이 무슨 수
로 대통령을 만들겠냐고. 한편으로는, 독일식 내각책임제처럼
정당명부식 연동형 비례대표제에서 연동률이 100%가 되면

많지 않은 표를 가지고도 두서너 석은 얻을 수 있으니까 극단적 강령을 지닌 정당들이 의회에 진출하지 않을까 하는 우려가 있는 것 같아. 예컨대 파쇼 정당이나 트로츠키주의 정당이나. 그런 정당들이 설칠까봐 독일식 내각책임제를 두려워하는 사람들도 있는 것 같은데, 그건 염려할 게 없는 것이, 지금 헌법재판소가 괜히 있는 게 아니잖아. 박근혜 정권 때 통진당(통합진보당)이 해산됐는데, 나는 통진당 해산에 대해 헌법재판소와 다른 견해를 갖고 있지만 독일식 내각책임제하에서 극좌정당이나 극우정당이 설치게 되면 법무부 장관이 헌법재판소에 얘기해서 해산하면 된다고.(웃음) 간단해. 실제로 조국 아저씨가 좋아하는 죽창을 휘두르는 정당이라든가, 완전 파쇼 정당이라든가, 공산주의 정당 중에서도 방금 말한 트로츠키파라든지, 도저히 자유민주주의가 끌어안을 수 없는 정당, 그건 뭐 당연히 해산하면 되니까 문제가 없는데도 그걸 가지고 걱정을 하는 사람들이 많이 있단 말이야. 내각책임제 하면 정권이 불안하다, 이런 얘기는 전후 독일 사정을 보면 말도 안 되는 얘기고. 전후 독일처럼 정권이 안정되게 왔다갔다 하는 나라가 어디 있어? 기민련-기사련, 사회당, 기민련-기사련, 사회당, 이렇게 왔다갔다하잖아. 내각책임제 하면 부패하지 않겠냐고 하는데, 부패할 수는 있지. 일본식으로 하면 그렇게 되겠지. 비례대표제가 병립형이고, 정경유착이 심하고, 권력을 선대로부터 물려받고 하니까. 한국 사람들이 내각제에 대해서 약간 거리낌을 가지고 있는 것은 '일본처럼 되는 게 아니냐' 하는 건데.

지_ 그런 우려가 좀 있죠.

고_ 제2공화국 때 유일하게 내각제를 했잖아. 그때 사실 정정이 굉장히 불안했지. 하루도 데모가 없는 날이 없었어. 그래서 쿠데타를 불러왔는데, 그때랑 지금이랑은 다르다고 생각해. 그때의 내각제를 그대로 가져오는 것이 아니니까. 그리고 지금 세계 전역을 둘러보면 대통령제 국가 중에서 민주주의 국가라고 할 수 있는 것은 미국과 한국밖에 없어. 우리나라는 지금 위태위태하지. 대통령 힘이 안 그래도 센데, 더 세게 만들라고 하니까. 나는 사실 공수처(고위공직자범죄수사처)를 만드는 것도 반대야. 공수처는 대통령 힘을 강화시키는 것인데, 그렇지 않아도 대통령의 힘이 강한데 왜 자꾸 대통령한테 힘을 실어주려고 하는지 모르겠어. 방금 말했지만, 버젓한 민주주의 국가 중에서 대통령중심제 국가는 미국이랑 대한민국 이 정도밖에 없어. 프랑스도 그렇지 않냐고 하는데, 프랑스는 대통령제가 아니라 이원집정제 국가지. 거기는 내각제 요소가 많이 섞여 있어. 프랑스 같은 경우 총선을 해서 국회에서 일당을 하면 그 당의 대표가 총리가 돼 조각을 한다고. 그 총리가 대통령과 같은 당일 때는 아무런 문제가 없는데, 당이 다를 때는 동거 내각이라고 해. 그 경우 대통령은 국방·외교에만 간접적으로 관여하고 나머지는 총리가 다 알아서 하는 거야. 사실상 내각제적 성격이 굉장히 강한 정치제도가 프랑스 정치제도야. 이원집정제도 나라마다 다르고, 대통령의 권한도 나라마다 다 다르고 하니까, 한두 마디로 다 정리할 수는 없어. 어쨌든 우리 정계 일각에서 이원집정제라는 얘기가 나오는데, 나는 그것도 다 헛소리라고 생각하고. 뭘 그리 복잡하게 해. 독일식 내각제로 하면 깔끔하잖아.(웃음) 지형도 얘기했듯이 그러면 선거제도를 바꿔야 되는데, 지금 기득권을 가진 국회의원들이 자기한테 불리한 선거제도 개편에는 동의하지 않을 것이고, 특히 자기들의 세비나 특혜가 깎이거나 없어지는 것에도 동의하지 않을 거야. 그렇지만 또 달리 생각해 보면, 어쨌든 세상에 자기가 자기 월급을 정하는 건 국회의원들밖에 없잖아.(웃음) 이게 공정한 건가?

지_ 현실에 대해서 얘기를 하자면, 국민들한테 대통령제에 대한 다소간의 환상이 있지 않습니까? '우리가 대통령을 뽑을 수 있다. 마음에 안 드는 대통령을 바꿀 수 있다'는 환상이 있기 때문에 국민들 자체가 내각제에 거부감을 갖는 것 같고요. 이분들이 늘 얘기하는 구호가 그거잖습니까? '대통령 하나 바뀌었을 뿐인데'라면서 대통령이 권력이 약해서 개혁을 못한다고 주장하거든요. 이분들이 주장하는 것은 대통령이 임명하고자 했던 법무부 장관조차 임명하지 못할 정도로 한국은 검찰이 권력을 장악하고 있는 검찰 공화국이라는 겁니다. 이게 재밌는 지점 중 하나라고 보는데요. 검찰 권력이 대통령 권력보다 세다고 주장하는데, 어떻게 생각하세요?

고_ 그 부분은 대통령이 조국씨를 법무부 장관으로 임명한 것을 탓해야 해. 재판결과가 아직은 안 나왔지만, 범죄를 저질렀을 가능성이 상당히 있는 사람을 장관으로 임명한 것이 문제지. 그런 장관을 임명하니까 이런 일이 발생한 거지, 멀쩡한 사람 임명했으면 사람들이 반대를 하나? 많은 국민이 반대를 하니까 자한당도 거기 얹혀 반대하는 거지, 제1야당 혼자서 뭘 하겠어? 여론이 뒷받침되지 않으면. 지금 거 뭐냐, 인사청문회 보고서가 채택되지 않은 사람들을 장관으로 임명한 수가 문제인 정부가 제일 많잖아.

지_ 실제로 그렇죠. 언론도 그걸 강조하고 있고요.

고_ 국회가 대통령 권한을 제어해야 되는데, 지금 문대통령은 국회가 인사청문회 보고서 채택을 안 해도 '니들이 하든 말든 무슨 상관이야. 내가 임명해버리면 그만이지' 하는 건데, 이래서 나는 대통령 책임이 크다고 생각해. 그리고 지금의 대통령 권력도 너무 크다고 생각하고. 대통령이 장관들 다 임명해버리고, 심지어 국회에서 장관 해임 결의안을 통과시켜도 대통령이 싫으면 안 하면 그만인데, 지금 대통령 권력이 얼마나 큰 거야.

지_ 실제로 지금은 밀리는 모양새고, 대통령 뜻대로 되지 않았다고 주장하잖아요.

고_ 조국 하나 안 된 거잖아. 조국이라는 사람은 본인만이 아니라 가족 비리가 있는 사람이고, 부인과 동생은 벌써 구속됐고. 조국이라는 사람에 대해 문대통령이 끈을 놓지 못하는 이유가 뭘까? 세간의 도시괴담처럼 조국이 문대통령의 비리를 알고 있어서일까? 나는 안 그런 것 같아. 문대통령의 개성과도 관련이 있는 것 같아. 문대통령이 의리파라고 할까, 하여튼 자기와 친한 사람을 끔찍하게 아끼는 사람인 것 같아, 공과 사를 구별하지 못하고. 그게 한 나라의 최고 공직자로서는 바람직한 일이 아니지.

지_ 노무현 전 대통령도 그런 면이 있었죠. 그런 것이 인간적인 장점일 수도 있는데요.

고_ 그런 점이 있었지. 친노 계열은 다 그런 모양이야. 그런데 지금 이것이 돌아가는 걸 보면 조국씨가 민정수석 때 한 일이 반드시 터질 거 같아. 민정수석으로서 해서는 안 될 일을 했다는 이야기가 나오고 있잖아. 조국씨가 장관 욕심은 버렸어야 한다고 생각해. 문대통령이 잡았는지, 조국이 자기가 장관 하고 싶다고 했는지는 알 수 없지만. 아마도 자기가 장관을 하고 싶다고 했을 거야. 그런데 그 사람이 장관을 하고 싶어 한다고 해서 민정수석 할 때도 무능했던 사람을 임명해도 되나? 문대통령이 보기엔 조국씨가 유능한 민정수석이었을지 몰라도 국민들이 보기엔 안 그런 모양인데. 그래서 나는 대통령이 할 수 없는 일이 없다고 생각해. 그런데 재미있는 건, 할 수 없는 일이 없는 그 힘있는 대통령이 한 일이 거의 없다는 거야. 문대통령이 정말 한 일이 없어. 박근혜 때 박근혜가 정말 한 일이 없었고 나중에 알고 보니 최순실 꼭두각시였다는 사실이 드러났는데, 지금 대통령도 하는 일이 거의 없어. 지금 대통령 별명이 A4 용지잖아. 이거 들고 다니면서 그거 없으면 사람이랑 얘기도 못하는 양반이잖아. 외국 정상들 만나서만 그런 것이 아니라 한국 사람들 만나서도 그러니까, 도대체 무슨 일을 하는지 알 수가 없어.

대통령은 자기 말의 무게를 알아야 한다

지_ 신중하다고도 볼 수 있잖아요.

고_ 그런데 그것도 한두 번이지. 게다가 경박하기까지 해. 교육부 장관이 정시를 늘릴 수 없다고 하니까, 바로 다음날 대통령이 정시를 늘려야 한다고 해서 교육부 장관을 바보로 만들었잖아. 그리고 다음날 청와대는 이 문제에 대해선 심사숙고해야 된다고 했잖아. 봉숭아학당도 아니고 이게 뭐야? 문대통령은 자기 말에 대한 책임이 없는 사람이라고. 문대통령은 후보 때부터 자기 말에 대한 책임이 없는 사람인데, 대통령이 돼서도 자기 말에 대한 책임이 없어. 자기 말의 무게를 모른다는 거지. 혼자 김정은이 좋아서 김정은이랑 같이 북한에서 무슨 꿈을 꿨는지 모르겠는데, 남북문제도 하나도 해결이 안 돼, 외교도 저 모양이고, 경제는 최악이고, 지지자들은 대통령이 힘이 없어서 그렇다고 거들고. 아니 지금 대통령이 힘이 없다는 게 말이 돼? 나는 대통령이 힘이 없다면 청와대 안에서 다른 사람들의 의견을 너무 많이 받아들여서 힘이 없을 수 있을지는 몰라도 대통령 문재인의 이름으로 할 수 있는 것은 너무나 많다고 생각하거든. 힘이 없다고는 도저히 볼 수 없다는 거지. 그런데도 Y모씨는 검찰이 청와대보다 힘이 세다고 말하기도 하고. 조국 가족에 대한 검찰의 수사가 잔인무도하다고도 말했지 아마? 난 정말 이 사람의 정체를 모르겠어.

지_ 그러면 정치인들이 대통령이 아니라 검찰총장을 목표로 해야 하는데, 검찰총장은 대통령이 임명하는 거잖아요.(웃음)

고_ 윤석열씨도 임명하기 전에는 소위 문빠들이 그 사람 임명하라고 하고, 임명 잘했다고 와, 와, 와 하다가 검찰이 조국 수사한다고 하니까 갑자기 돌아선 거잖아.

지_ 윤석열에 대해서 몰랐다, 저 사람은 결국 검찰을 위해서 움직이는 사람이었다 하고 배신감을 느낀다는 건데요. 이 수사 자체도 조국 수석을 장관으로 임명하지 않았으면 수사가 시작되지 않았을 가능성이 높은 수사 아니었습니까? 나중에 어떻게 될지 모르겠지만, 이렇게 수사가 시작되지는 않았겠죠. 서지현 검사나 임은정 검사 같은 개혁적 성향의 검사들도 검찰이 정치 검찰의 행보를 보인다고 비판하고 있는데요. 많은 사람들이 이렇게까지 과도한 압수수색을 한 적이 있느냐, 그런 사안이었냐고 항변하고 있습니다. 일견 타당한 주장으로 들리는 부분이 있고요.

고_ 서지현 검사, 임은정 검사, 그분들이 오히려 정치 검사 같은데.(웃음)

지_ 정치라는 말을 가치중립적으로 생각하고, 세상을 바꾸기 위한 모든 노력을 정치 행위라고 본다면, 그렇게 볼 수도 있겠죠.(웃음)

고_ 나도 아까 내비쳤듯 그 부분은 지형 말을 인정해요. 조국이 장관으로 임명되지 않았다면 굳이 검찰이 그렇게 적극적으로 수사하진 않았을 가능성이 크지. 유시민씨는 조국씨가 민정수석일 때부터 검찰이 내사를 했다고 하는데, 그건 알 수 없는 일이고, 믿고 싶지 않은 일이고. 어쨌든 지금 검찰총장이 조국씨를 법무부 장관으로 탐탁지 않게 여겼다는 것은 인정하겠어.

지_ 이유는 뭐라고 생각하십니까?

고_ 내가 두 사람 모두와 사적 인연이 없으니 짐작은 못하겠지만.(웃음) 윤총장이 총장이 되기 전부터 검사로서 민정수석

실에서 일어나는 일을 많이 들었겠지. 과연 저것이 민정수석이 할 일인가 하는 의구심이 들었을 수도 있고, 어쨌든 조국씨가 민정수석을 할 때부터 윤석열씨와는 사이가 안 좋았던게 아닌가 하는 생각이 들어.

지_ 사람들이 조국씨한테 실망하고 의구심을 갖는 데 동의한다고 하더라도요. 굉장히 많은 곳을 압수수색하고 속도전을 벌였는데도 불구하고 별다른 것이 나오지 않은 느낌이 분명히 듭니다.

고_ 그건 재판이 끝난 다음에 얘기하도록 하지. 윤석열 총장이 피의사실 공표를 하지 말라고 해서 안 했다는 얘기도 있으니까. 그건 재판이 끝나기 전까지는 알 수 없지.

지_ 그러다보니까 검찰 개혁을 말하시는 분들 입장에서는 검찰이 개혁당하기 싫으니까 조국을 공격하는 것 아니냐고 하는데요.

고_ 검찰 개혁이라는 것이 공수처 만든다는 거잖아. 그리고 수사권을 경찰에 떼주는 거, 아니 그러니까 검찰말고 검찰 비슷한 기관을 또하나 만든다는 게 무슨 검찰 개혁이야. 새로 생기는 기관이 대통령에 대해서 독립적이면 몰라도 어차피 대통령이 공수처의 장도 임명해, 검찰총장도 임명해, 그러면 무슨 개혁이 되겠어. 특히 경찰한테 수사종결권을 준다는 것은 말도 안 되는데, 솔직히 경찰이 검찰보다 훨씬 부패했다고 생각해.

지_ 숫자도 많고요.(웃음)

고_ 시민들이 집밖에 나가면 처음 만나는 공권력이 경찰이잖아. 사람들이 경찰한테 당한 경험이 훨씬 더 많을 거라고. 그리고 경찰이 인권의식이 더 있어서 검찰보다 피의자들에게 더 잘할 거라는 생각이 전혀 들지 않아서.(웃음)

지_ 개혁을 원하는 많은 사람들이 공수처의 필요성을 제기하면서 드는 이유 중 하나로 검찰을 누가 견제할 것인가 하는 부분이 있거든요. 수사권이나 기소권 등의 권한이 검찰에 집중되어 있기 때문에 검찰 내부의 문제에 대해서 견제하고 통제할 수 있는 것은 공수처밖에 없다는 건데요. 거기에 대해서 동의를 하지 않으신다는 거네요.

고_ 내가 거기 동의하면 이 대화가 진도가 안 나가지.(웃음) 그래서 동의할 수가 없어. 우선, 지금 구상하고 있는 공수처라는 게 처장과 차장을 제외하면 검사 25명과 수사관 수십 명으로 백 명이 안 되는 조직이기 때문에 대규모 수사를 할 수도 없어. 그 사람들이 뭘 하겠어? 그 사람들이 지금 검찰의 반부패수사부가 맡고 있는 고위 관료들에 대한 수사를 제대로 할 수 있을지 나는 모르겠는데. 그리고 검찰이 검찰 내부를 통제할 수 없다면, 공수처도 공수처 내부를 통제할 수 없겠지. 그냥 대통령 산하에 수사기관 하나 더 만드는 것일 뿐이야. 대통령을 제외하고는 무소불위의.

지_ 검찰만의 문제는 아니지만 검찰 개혁이 필요하다고 말하는 이유 중 하나가 김학의 전 차관 사건이라든지 버닝썬 사건 수사가 제대로 이루어지고 있지 않다는 건데요.

고_ 버닝썬 사태는 경찰 개혁과도 맞닿아 있다고 생각하는데. 아니 그런데 중요한 것은 사람들은 검찰 하는 일은 검찰이 묻어버리면 그만이라고 하는데, 그건 공수처도 마찬가지지. 조직이기주의가 어느 정도는 있을 거라고. 모든 조직이 그렇듯. 게다가 검찰총장을 임명하는 사람이 대통령이잖아. 공수처 수장도 마찬가지고. 검찰이든, 다른 이름을 가진 수사기관이든 열 개가 있어도 마찬가지야. 그 수장을 대통령이 임명하잖아. 대통령의 힘만 키워주는 거지.

지_ 윤석열 총장을 무력화시킬 방법이 여러 가지가 있지 않습니까? 대통령 권한을 가지고는. 그런데 청와대에서 견제하는 말은 많이 했지만, 지켜보고 있는 상황인 것 같은데요.

고_ 내가 점쟁이는 아니지만, 그냥 문대통령이 상황을 지켜보는 것 같아. 지형의 지적대로 검찰을 무력화시키는 방법은 여러 가지가 있지. 기본적으로 인사권이 있잖아. 대통령한테는. 검찰총장만이 아니라 검찰에 대한 인사권이 최종적으로는 대통령한테 있는데, 검찰이 대통령한테 개긴다는 것은 말이 안 되는 거지.

지_ 검찰이 그동안 권한을 가지고 해야 될 수사를 안 하거나 힘있는 사람 편들거나 이런 것은 분명히 있는데요. 자기보다 밑 기수만 총장으로 임명해도 스스로 옷을 벗고 나가버리잖아요. 그 사람들의 옷을 벗기려고 어마어마한 노력을 할 필요도 없는 건데요.(웃음)

고_ 이번에 윤석열 총장도 진짜 9수를 했는지는 모르겠지만, 사시를 굉장히 늦게 했잖아. 그래서 총장이 되니까 옷 벗고 나간 사람이 굉장히 많았지. 할 수 있는 방법은 얼마든지 있어. 공수처를 만든다는 것은 대통령이 수장을 임명하는 또하나의 권력기관, 또하나의 수사기관을 만드는 일일 뿐이라는 게 내 생각이야.

지_ 그러면 공수처에 대한 집착이 권력강화 수단 중의 하나라는 건가요? 지금 정치세력이 검찰에 대한 피해의식이 있잖아요. '논두렁 시계' 등으로 노무현 대통령을 죽였다고 생각하고, 어느 정도는 이해할 수 있는 부분인데요. 그래서 판단이 그렇게 가는 것 같은데, 정서적으로 이해할 수 있는 부분이 있지 않습니까? 검찰 개혁이 필요한 요소도 있는 거고요.

고_ 아니, 그런데 검찰 개혁의 핵심인 공수처의 장을 대통령이 임명하는데, 그게 무슨 소용이 있냐는 거지. 만약 대통령이 힘을 쓴다면 대통령과 관련된 사람은 아무도 수사를 못하는 거잖아. 지금 윤석열의 경우는 대통령이 조국씨 수사하는 것을 달갑지 않게 생각하는 느낌이 있는데, 그럼에도 수사를 밀고 나간 거지. 지금 검찰총장 임기는 2년이지만, 자르면 자르는 거야. 강제 해임시키면 총장도 어쩔 수 없는 건데, 대통령 마음이지. 그런데 공수처도 마찬가지 아닌가?

지_ 조국 장관의 사퇴를 예상하셨나요? 여기서 물러나면 전쟁에서 지는 것 같은 분위기였다가 사퇴도 급작스럽게 이루어졌는데요.

고_ 충분히 예상이 됐지. 우선 윤총장이 사실 장관, 우리 툭 까놓고 얘기합시다, 윤총장이 장관을 별로 장관으로 대접해 준 것 같지는 않아. 인사청문회 날 부인이 기소가 되고, 소환하느니 마느니 할 때 얼마나 고심했겠어. 그전부터 표창장 사건을 비롯해서 논문에 이름 올린 것, 자기 딸에 대한 것이 많이 알려졌잖아. 그것도 사실 조국과 비슷한 중산층 사람들도 다 할 수 있는 것은 아닐 거야, 열 받은 사람들 많을 거야. 공부 잘해서 대학을 간 것이 아니라 남의 논문에 이름 올려서 대학을 가고 이런 것에 대해서 화난 사람들도 있었겠지.

지_ 박주민 의원이라든지, 이재정 교육감 등 민주당 국회의원이나 주요 인사들이 옹호하는 발언을 했는데요. 옹호를 할 수는 있는데, 논리적으로 빈약했던 것 같습니다. '관행이다. 불법은 아니다' 이런 비슷한 얘기들은 우리가 자유한국당 사람들로부터도 많이 듣던 얘긴데요.

고_ 옹호는 공천 받으려고 하는 건데, 이런 말도 있었지. 조국을 옹호하면 공천은 받지만 본선에서 떨어지고, 조국을 옹호하지 않으면 공천을 받지 못한다는 말.(웃음) 그건 여당 안에서도 대통령의 힘이 세다는 거잖아. 삼권분립이라는 말은

그저 형식적인 거고, 여당이 입법부 구성원으로서 대통령한
테 개기는 것이 아니라 대통령과 한 몸으로 가고 있는 게 현
실 아닌가. 공수처에 대해서는 더 생각해봐야겠는데, 어쨌든
공수처가 만들어지면 대통령과 가까운 사람들에 대해서는 누
가 수사를 하게 되지? 대통령 뜻을 거슬러서 할 수가 없잖아.
대통령 뜻을 거슬러서 할 수 있다면 상관없는데. 게다가 공수
처가 만약에 검찰만을 수사하기 위한 기관이라면 아예 이름
도 그렇게 붙여서 검찰수사처라고 해야지. 고위 공직자 범죄
수사를 하는 건데, 그 기관의 장을 대통령이 임명하고, 그러면
아무도 대통령 뜻을 못 거스르는 거지. 이쪽에서 이해하는 검
찰 개혁은 검찰의 힘을 약화시키는 것을 검찰 개혁이라고 하
는 것 같은데, 공수처가 생기면 검찰의 힘이 상대적으로 약화
가 되긴 하겠지. 막강한 힘을 가진 뭔가가 하나 더 생기는 거
니까.

지_ 윤석열 총장의 행보를 두 가지로 극단적으로 볼 수 있을
것 같은데요. 한쪽에서는 '어쨌든 저 사람도 결국 검찰 조직
의 이익을 위해서 행보하는 사람이다' 하고, 다른 한쪽에서는
'이 사람은 아무나 다 수사를 하고 싶은 사람이니까, 일정하
게 검찰의 힘을 유지할 수 있어야 대통령 측근까지도 수사할

수 있다고 생각하기 때문에 무리를 하는 것이다. 이른바 미친 개다' 이런 해석이 있는데요.

고_ 나는 당연히 후자 쪽을 믿을 수밖에 없지. 미친개라는 표현이 좀 적나라하지만. 지금으로서는 윤총장을 믿어야지.

지_ 윤총장은 믿으면서 조국은 왜 안 믿냐고 할 것 같은데요.(웃음)

고_ 지금 조국씨는, 물론 장관에 지명된 이후의 일이기는 하지만, 자신을 포함한 가족들의 부도덕함이, 그리고 많은 범죄 또는 유사 범죄가 드러난 사람이잖아. 그런 상황에서 조국을 옹호할 수는 없지.

지_ 지지하는 분들은 아무것도 아니라고 생각하고, 십자가에 못박힌 예수로 생각하는 분들도 있는 것 같아요.

고_ 그런 식으로도 나오던데, 정말 이해를 못하겠어. 조국이라는 사람이 공적으로만이 아니라 사적으로도 찌질한 짓을 많이 저질렀는데, 조국에 몰입해서 조국을 자기편이라고 생각하는 이 사람들.

지_ 대표적인 구호가 '우리가 조국이다'라는 거죠.

41

고_ 그걸 어린애들 티셔츠에 새겨놓은 것은 아동 학대야.(웃음) '우리가 조국이다'라고 말하는 사람 중에서 조국만큼 뭘 누린 사람이 있는지 모르겠어. 서초동에 나가서 우리가 조국이다, 라고 한 사람 중에서 도대체 몇 퍼센트나 조국과 비슷하게 세상에서 뭘 누리면서 살았던 건지.

지_ 지난 정권에서 계엄령 문건에 황교안 총리가 연루되어 있다는 의혹이 제기되었는데요. 그렇게 되면 분위기는 '저렇게 나쁜 놈들이 있는데. 우리가 이명박근혜 정권을 거치면서 그렇게 고초를 겪었는데. 쟤들보다는 훨씬 나은 거 아냐? 저놈들이 아직도 서슬 퍼렇게 살아 있는데' 하는 것이 되잖아요.

고_ 그런 의혹이 제기되긴 했지. 아무튼 그것도 마찬가지야. 똑같다는 거야. 소위 계엄령 문건이라는 게 처음 밝혀진 건 한참 전이야. 그때 그냥 놔둔 거지. 진짜 만일 이 사람들이 그 문제를 진지하게 생각했다면, '이 사람들이 큰 범죄를 저질렀구나. 가만 놔두면 안 되겠구나' 하고 그때 문제삼아서 마땅히 기소해 감옥에 처넣었어야지. 며칠 전에 그걸 들고나온 임태훈이라는 사람도, 군인권센터 소장이라고 했던가, 암튼 표지에 기무사라는 한자 자체도 틀렸잖아.(웃음) 과연 계엄령 계

획이 있었는지 없었는지 확신할 수는 없는데, 만약에 정말 계
엄령을 내리고 시위대를 학살할 계획이 있었다면 밝혀지자마
자 조치를 취했어야지. 여태까지 뭘 하고 있다가 정치적으로
어려워지니까 밝힌다는 것은…….

지_ 그렇죠. 그게 정말 중요한 문제였다면.

고_ 사실이라면 정말 큰 문제지. 만약 사실이고, 정말 황교안
씨까지 알았다면 황교안씨는 수갑 차고 감옥에 들어가야 하
고, 가능하다면 죽을 때까지 가둬놔야지.

지_ 말씀하신 독일식 내각책임제가 한국에서 어려운 것이,
이 상황에서 자한당은 자한당대로 기득권을 지키려고 하고,
반대쪽은 '저런 놈들하고 싸우려면 우리한테 힘을 실어줘야
하지 않나'라고 나름의 기득권을 유지하려고 하기 때문일 텐
데요.

고_ 내가 예전에 팸플릿을 하나 썼었어. 『기어가는 혁명을 위
하여』라고. 나는 거기서 대통령이 자기 임기를 줄이면서까지
나라를 위해 개헌을 하는 모습을 그려봤어. 지금 대통령이 문
재인 대통령이지만, 문대통령이 딱 내년 총선 때까지만 대통
령을 하고 사임을 하길 바랐지. 그전에 독일식 내각책임제로

개헌을 하고 말이야. 자기 임기를 줄이는, 한국 정치사상 처음으로 진정 이타적인 대통령, 나라를 위해서 자기 자신을 희생하는 대통령이 되기를 바랐다고. 문제는 뭐냐 하면, 왜 내각제가 되지 않느냐면, 문재인도 그렇고, 안철수도 그렇고, 홍준표든 황교안이든 간에 이 사람들이 대통령이 되고 싶지 내각제하의 총리가 되고 싶지는 않은 거야. 내각제하의 총리라고해서 힘이 없나, 단지 국가원수가 아닐 뿐인 거지. 우리는 군주 국가가 아니니까 내각제하에서는 대통령은 따로 있겠지. 대통령은 거의 형식적으로만 국가를 대표하고 총리가 다 하는 건데도 이상하게 한국 사람들은 자기가 정치적으로 뜨게되면 대통령이 하고 싶은 모양이야. 그러다보니까 말을 꺼내도 잘 먹히지가 않지. 그 책은 비록 내가 순식간에 쓴 짧은 팸플릿에 불과하지만 정말 내 나름대로 애국심을 담아서 쓴 거야.(웃음) 누가 대통령을 하든 자기 임기를 딱 줄여서 이번 국회의원 임기와 맞춰서, 내년 총선 때부터 내각책임제로 정부가 운영되기를 바랐어. 그게 불가능하다는 것이 이제 분명해졌으니 나도 욕심을 안 내. 욕심을 안 내고, 그나마 선거법을 개정해준다니까, 내가 바라는 것은 100% 연동률이지만 그것도 불가능하다는 게 분명해졌으니 욕심을 안 내고, 그나마 그래도 비례대표 수가 조금 늘어날 전망이 보이고, 연동률이 조금 높아질 전망이 보이니까 그나마 낫겠다고 생각하는데, 어쨌든 내가 바라는 것은 독일식 내각책임제야. 그게 이루어지지 않아서 참 분하네.(웃음)

호남은 영남패권주의의 덫에 걸려 있다

지_ 1971년 대통령 선거 때부터 박정희가 지역감정을 선거에 동원해서 영남패권주의가 발동되기 시작했다고 예전에 말씀하셨잖아요. 이번 조국 장관 임명으로 인한 사태가 그런 측면이 있다고 보십니까? 일각에서는 조국을 차기 대통령으로 만들기 위한 포석이라고 보는 사람들도 있었는데요.

고_ 영남패권주의와 조국 사태가 무슨 관계지? 뭐 관계가 있다고 하더라도 나는 거기에 대해서는 말을 못하겠어. 조국이라는 사람의 존재를 처음 알았을 때부터 대통령감이라고 생각하지 않았기 때문에.(웃음) 영남패권주의 얘기를 하면……글쎄. 하여간 나는 독일식 내각책임제가 좋지만, 그 희망을 버렸다는 얘기까지 했는데. 국회의원 수를 늘리는 것은 찬성해. 늘리되 세비는 깎고. 국회의원이 돈을 너무 많이 벌어요. 그리고…….

지_ 영남패권주의.

고_ 지형도 참 집요하네. 영남패권주의……. 조국 사태를 보면 조국을 적극적으로 지지하는 것이 지역적으로 호남밖에 없었잖아. 이걸 영남패권주의라고 할 수 있나, 호남패권주의 아냐?(웃음) 말하자면 호남이 영남패권주의의 덫에 걸려 있는 거지. 최소한 호남은 그건 있잖아. 광주학살과 관련되어 있는 당, 지금의 자한당이 광주학살과 관련되어 있지는 않다고 해도 그 당을 계승하고 있는 거니까, 그 당의 집권이라는 것은 옳지 않다는 것도 있고 해서 차마 그 당을 지지할 수는 없어서 민주당을 자꾸 지지하게 되는데. 나는 마음이 편치 않아. 호남 사람들이 광주는 민주화의 성지라는 이런 허위의식을 버릴 때도 됐고, 제발 북쪽에 대해서 너그러운 태도도 버릴 때도 됐다고 생각해. 조사는 안 해봤지만, 남북교류니 뭐니 나오면 분명히 호남의 찬성률이 제일 높을 거야. 지형 생각은 어때?

지_ 그렇죠. 덫에 걸렸다고 말씀하셨는데요. 조국 장관에 대한 지지율이 높았던 부분도 상대적으로 차악이든 차선이든 택할 줄 아는 정치 감각은 있다는 얘기 아닌가요?

고_ 나는 그 의견에 반대야. 호남 사람들이 문 정권과 민주당에 자신을 일치시킨 건데 지금 민주당이 과연 자한당과 큰 차이가 있느냐, 앞에서 말했듯 그 차이를 조국이라는 사람이 상징적으로 거의 지워버렸다는 거지. 보수냐 진보냐에 상관없이, 좀더 많은, 다양한 정치세력이 나와야 되는데, 다양한 정치세력이 나오려면 대통령중심제가 안 좋은데, 사람들은 대통령중심제를 좋아하고 있고, 참 고민이야.(웃음)

지_ 그래도 호남 분들이 민주당을 절대적으로 지지하다가 민주당에 대한 실망감도 크기 때문에 새로운 정치세력이 나타나면 기회를 줘보려고 노력했잖아요. 안철수가 나왔을 때도 그랬고.

고_ 국회의원 선거 때는 마음을 주는 듯했다가 대선 때는 얄짤없었잖아.(웃음)

지_ 어떻게 보면 그것도 전략적 선택이라고 할 수 있는데요.

고_ 좋게 얘기하면 전략적 선택이라고 할 수 있는데. 아니 좋게 얘기하든 나쁘게 얘기하든 전략적 선택인데, 호남 사람들의 운명이라고 해야 되나. 민주당과 이어져 있는.

지_ 영남패권주의 얘기하면서 역으로 그것은 호남패권주의 아니냐는 공격도 있었잖아요. 선생님이나 강준만 교수, 김욱 교수 등이 그런 비판을 받았는데요.

고_ 호남패권주의라는 것은 말이 안 되는 거고. 경멸적 뉘앙스를 담아 호나미즘이라고도 하지. 진중권씨가 나를 호나미스트라고 하던데, 나는 호나미스트가 아닌데. 영남에 몰려 있는 권력 자본을 대한민국 전체로 골고루 나누자는 것뿐인데, 그것 참……. 그렇네.

지_ 강준만 교수의 활동이 위축된 부분이 있잖아요. 선생님이 강준만 교수에 대해서 '지식인의 지식인'이라고 하신 적도 있고요. 친노 진영의 지지자 일부가 〈인물과사상〉 독자에서 빠져나가고 비판을 하기 시작하면서 그렇게 된 것 같은데요.

고_ 강준만 선생 자신이 먼저 옛 민주당의 분당, 열린우리당과 민주당으로 분당됐을 때 그때 분당에 반대했지. 나도 강선생이랑 비슷한 처지였는데, 그럼에도 불구하고 우리가 뽑은 대통령이 노무현이니 열린우리당을 지지해야 된다고 말했는데, 강선생은 그때 이미 완강하게 자기는 민주당 아니면 지지하지 않겠다고 했어. 그 민주당이 지금 이 민주당은 아니잖아. 이 민주당은 열린우리당 2탄인데. 그때는 민주당이

더러운 이름이었는데, 다시 깨끗한 이름이 되었어.(웃음) 민주당이라는 이름을 찾으려고 '더불어'를 붙였는데, 민주당이라는 이름을 가지고 있던 김민석이 들어가서 민주당이라고 해도 아무런 상관이 없게끔 드디어 민주당이라는 이름을 차지했지.

지_ 안철수를 지지하셨잖아요. 안철수 현상을 스스로 깎아먹고 없앤 측면이 있는데요. 신드롬에 가까운 기대가 있었고요.

고_ 안철수씨를 정치 이념상 나와 큰 차이가 없는 리버럴로 생각하고 지지한 거지. 안철수씨가 대통령 선거에서 받은, 자기가 느꼈던 실망감이 이해는 되는데, 그다음에 바른정당과 합해서 바른미래당을 만들었잖아. 그렇게 합한 것은 나쁘다고 생각해. 옳지 않았지. 바른미래당에 나가 있는 사람들도 결국은 다 자한당 사람들인데 말이야.

지_ 또 분당될 것 같은데요.

고_ 그런데 다시 돌아가다보면 근본적으로 민주당이랑 자한당이랑 근본적인 차이가 없다, 민주당 지지자들과 자한당 지지자들을 보면 근본적인 차이가 없다는 판단을 내리게 되니까, 모르겠어. 나 자신이 아노미 상태에 빠져버렸는데. 내가

49

앞으로 투표를 안 할 것 같기도 해. 이게 뭐하는 짓이냐, 멀쩡한 사람도 어떻게 정치판에 들어가면 다 이상해지는지.

지_ 조국 사태를 계기로 386, 이제 586이죠. 지금 젊은 사람들이 386세대가 자기들 기회를 빼앗고, 너무 많은 것을 독점하는 게 아니냐고 생각하고 있잖아요. 586은 억울해하지만, 그 말에는 일정한 진실이 있다고 생각합니다. 이 사태를 계기로 광화문에 결합한 젊은 친구들도 있는 것 같은데요.

고_ 분명히 그런 측면이 있는데. 386이라고 해도 똑같은 386이라고 할 수는 없지. 그 사람들을 세대로 묶어서 너희들은 나쁜 놈이야, 이럴 수는 없잖아. 그 사람들 중에서도 가난한 사람들도 있고, 부유한 사람들도 있고, 나쁜 놈들, 좋은 놈들 다 있을 텐데, 86이라는 세대만을 가지고 욕을 하는 것은 옳지 않다고 생각해.

지_ 저도 나이로는 586세대인데요. 운동을 했다는 사람들이 먼저 젊은 사람들한테 호통을 쳤거든요. '니들이 보수화됐다. 이기적으로 변했다' 이런 식으로 먼저 공격한 측면이 있다고 생각합니다. 그동안 이 친구들이 말발도 딸리고 힘도 없으니까 일방적으로 두들겨맞으면서 '그래, 우리가 보수화된 건가?

이기적인 건가?' 하는 고민을 했겠죠. 알고 보면 어릴 적부터 경쟁에 내몰린 세대인데요. 그 책임이 586에도 일정 부분 있음에도 불구하고 어떻게 보면 선거에 좀 불리한 상황이 되면 '젊은 애들이 보수화되고 투표를 안 해서 졌어'라고 공격한 것에 대한 반발이 터져나오는 부분도 있는 것 같고요.『공정하지 않다』라는 책은 박원익, 조윤호씨가 쓴 책인데요. 30대 초반의 저자들입니다. 그 책을 보면 86의 문제는 그 세대 내부에서의 빈부 격차도 해결하지 못한 것도 크다고 지적합니다. 86의 일부가 정권을 잡고 나서 그런 부분에 대해서 개선하지 못했거든요. 그러니 다음 세대에 대한 생각은 두말할 것 없다는 거죠. 이번 조국 사태에서 금태섭 의원이 '조국의 큰 문제점 중 하나가 공감 능력이 없다는 것'이라고 지적했습니다. 주변의 많은 사람들에게 공감을 못한 것이 그런 행동으로 나타났다는 건데요. 말로는 혁명을 할 것처럼 했지만, 사람들의 삶에 진짜로 공감하지는 못하니까 그런 한계가 드러난 거죠.

고_ 맞아. 조국씨의 큰 문제는 공감 능력이 없다는 거지. 금태섭씨가 그걸 지적해서 소위 양념을 무진장 먹고 있는 모양인데.(웃음) 이건 정말, 뭐라고 할까, 일종의 괴물 현상이자 종교 현상 같아. 가만히 생각해보면 노무현 대통령이 고초를 받을 때 소위 지금의 노빠라고 하는 사람들은 노무현 대통령한 테서 떨어져나가려고 열심히 노력했던 사람들이 대다수인데, 그러다가 노대통령이 돌아가셨어. 사람들이 예상하지 못했던 방식으로. 그 결과로 친노가 부활했지. 그런데 이게 과연 바람 직한 것인지는 나는 아직도 모르겠어. 지금도 사람들이 많이 잊 어버리고 있는 것이 노대통령의 형 노건평씨랑 당시 이명박 후보의 형 이상득씨랑 형님 밀약을 했다는 거잖아. 그게 웃기 는 게 로열패밀리끼리는 최소한 건드리지 말자는 거였지.

지_ '니들이 정권을 잡는 데 방해하지 않을 테니 혹시 정권을 잡게 되면 우리들을 건드리지 말라' 이런 약속을 했다는 설이 있긴 했지만, 명백하게 드러난 것은 아니잖아요.

고_ 드러났다고 할 수 있지. 이명박씨 비서였던 추부길씨였 을 거야. 그 사람이 증언을 했거든. 두 사람이 만나서 그런 약 속을 했다고. 그 약속을 어긴 것이 이명박인데, 이명박이 당시 광우병 촛불집회로 너무 밀리게 되니까, 뇌물죄로 노무현을 건드리기 시작한 거지. 그러니까 이명박이 노무현을 죽인 것 은 맞는다고 보는데, 나는 노무현 대통령이 이명박을 왜 그리 예쁘게 봤는지 모르겠어. 나는 노무현 대통령이 17대 대통령 선거 때 정동영씨를 찍지 않고 이명박씨를 찍었다고 생각해.

이명박씨를 찍지 않았다고 하더라도 적어도 정동영씨를 찍진 않았을 거라고 짐작해. 비밀투표니까 누굴 찍었는지 알 수 없는데, 노대통령이 유난히 이명박씨랑 친했고, 국무회의에 이명박씨가 올 때도 살갑게 대했다고 하고, 청계천이 복원됐을 때 행사에 친히 가서 축하해주고, 이명박씨와 유난히 친했어. 그래서 노무현 이 양반이 왜 이렇게 사람 보는 눈이 없나 싶었어. 이명박은 딱 보면 척 봐도 사기꾼이지, 어디 제정신인 사람인가, 전과도 많이 있었고. 전과가 없다고 해도 몇 마디만 해보면 사기꾼인지 뻔히 알 수 있잖아. 그런데 왜 그렇게 했을까 싶기도 해. 그래서 얘기가 갑자기 노대통령으로 돌아가는데, 노대통령의 죽음이 과연 그렇게 거룩하게 받아들여야 할 죽음인가 싶기도 해.

지_ 한국사의 비극인데요. 노무현 정권의 일정한 실패가 이명박 정권을 불러온 측면도 있겠지만 이명박, 박근혜 정권을 거치면서 사람들이 고통을 많이 당했죠. 거기에 대해서 사람들이 수권세력은 결국 친노밖에 없지 않냐고 해석할 수도 있었거든요. 구세주라고 볼 수도 있었지 않을까요?

고_ 나도 어느 정도는 그렇게 생각해. 다만 문제는 노무현 정권은 문재인 정권이 아니라는 거지. 노무현 정권 때, 그때는 내가 신문쟁이였으니까 노무현 대통령에 대해서 좋은 말도 쓰고 나쁜 말도 쓰고 그랬지만, 문대통령 때도 신문쟁이였다면 문대통령에 대해 좋은 말을 썼을 것 같지는 않아. 문대통령은 노무현의 피와 땀을 딛고 대통령이 되어서 한 세상 잘 살고 있는 양반이라고 생각하는 거지.

지_ 본인이 정치를 하고 싶어하지는 않으셨잖아요. 그러다보니까 공익 근무를 한다고 생각할 수도 있을 것 같은데요.

고_ 하하. 그런데…… 자기가 하기 싫다고 말하는 것과 속으로도 하기 싫어하는 건 다른 거지. 속으로도 하기 싫어했는지는 어떻게 알아? 진짜 하기 싫었으면 안 나오지, 나왔겠어? 정치판 들어와서 대통령 되려는 일념이 얼마나 강했는데. 정말 정치하기 싫었으면 박근혜한테 졌을 때 그만뒀지, 계속해서 결국 대통령을 했겠어? 이게 참 쪽팔려. 박근혜씨가 대통령이 된 다음에 사람들이 박근혜한테 너무 질려서, 아무것도 안 하는 이상한 여자, 저런 여자가 대통령이라는 것이 창피하다고 생각했는데, 결국 알고 보니 박근혜와 별 차이가 없는 대통령을 뽑은 거야. 결국 그렇게 돼버렸다는 거지.

지_ 대통령의 권한도 크고, 대통령이 좋은 사람이어야 정치를 잘하는 것은 분명히 아닌데요. 한국 사람들에게 박근혜라는 대통령이 준 세월호 때의 트라우마가 워낙 크지 않습니까? 고의침몰설 같은 것은 믿지 않지만, 권위주의 정권이었기 때문에 보고하느라 우왕좌왕하고 지휘권을 행사하지 못해서 살릴 수 있는 아이들이 죽었고요. 그것까지는 사고라고 쳐도 그 이후의 대응, 세월호 유족들을 공격하는 것들이 국민들에게 상처를 많이 줬습니다. 그러다보니 상대적으로 박근혜 정권과 비교하는 것은 우리한테 모욕적인데 하고 느낄 수도 있을 것 같아요.

고_ 우선 박근혜 정권이 권위주의 정권은 아니었고. 노무현, 문재인 정권과 다름없는 민주주의 정권이었지. 뭐, 권위주의 정권이라고 부르고 싶으면 부르라고 하고.(웃음) 그런데 실제로 문대통령이 집권한 이후에 세월호 문제가 진전된 것이 있나? 세월호를 디딤돌 삼아서 집권을 했는데, 실제로 세월호 희생자들, 유족들만 불쌍하게 만들었지.

지_ 진상규명이 제대로 안 되고 있긴 하죠. 그런데 핑계는 늘 있지 않습니까? 진상 규명을 방해하는 세력들이 아직도 힘이 세다.

고_ 그건 대통령중심제하의 대통령이 할 말은 아니지.

지_ 의지가 없거나 부족하다고 봐야 되는 건가요?

고_ 그렇지.

지_ 그동안 광화문에서 보수세력이 집회를 하긴 했습니다. 이번 조국 사태를 계기로 사상 초유의 사태가 벌어졌잖아요. 양쪽에서 세를 과시하면서. 집회는 주로 야당의 전유물이었는데, 여당을 지지하는 집회와 야당을 지지하는 집회가 서로 100만 명 이상 모였다고 주장하고 있는데요.

고_ 숫자는 광화문이 많았다고 확신해.(웃음) 야당 지지자만이 아니라 여당을 지지했다가 실망했던 사람들이 상당히 있었다고 봐.

지_ 그런 징후들을 계속 봤지 않습니까? 평창올림픽 당시 아이스하키 단일팀을 만들 때도 그랬고요. 자세히 들여다보지 않고, '큰 틀에서 남북관계 개선을 하고자 하는데, 이런 사소한 것을 가지고 발목을 잡냐. 애들이 보수화됐어'라고 쉽게 해석하고 공격을 했던 부분이 있는 것 같습니다. 그때 상처를 받았던 젊은층들이 이번 조국 장관의 자녀들 문제를 보면서 공정성과 관련된 상처를 또 받은 거죠.

고_ 그래가지고 남북 단일팀을 만들어서 해놓은 것이 뭔가? 맨날 김정은한테 조롱이나 당하고. 문대통령은 트럼프한테 얻어맞으랴, 김정은한테 얻어맞으랴, 야당한테 얻어맞으랴, 정신이 없는 거지.

언론 환경이 악화됐다고 볼 수 없다

지_ 이번 사태가 앞으로 정국에 어떤 영향을 줄 거라고 생각하십니까? 좋은 영향을 줄 것 같지만은 않거든요. 이렇게 갈라져서 집회를 하고, 서로를 악마시하고, 아무것도 해결하지 못하는 무한 루프에 빠지는 것 같습니다. 저쪽이 저만큼 나왔으니 우리도 나가자, 이게 무슨 소모적인 상황인지 모르겠습니다. 박근혜 탄핵을 위한 촛불집회는 한쪽이 결집이 되었고, 그렇지 않은 사람들의 마음이 있었다고 해도 큰 세력화가 되지 못한 부분이 있어서 대통령을 탄핵시키고, 장미 대선을 통해서 새로운 대통령을 뽑았는데요. 지금은 개미지옥에 빠진 것 같다는 느낌이 듭니다.

고_ 이게 다름 아닌 문대통령 탓이야. 국민들을 둘로 쪼개놓은 것이 조국의 장관 지명인데, 조국을 임명해서 국민을 쪼개놓고, 자기는 국민통합을 위해 노력했다고 하잖아. 그 양반은 도대체 말을 생각을 하고 하는지, 아니면 그냥 대충하는지 모르겠어.

지_ 조국만이 검찰 개혁의 적임자라는 주장에 대해서는 어떻게 생각하십니까?

고_ 그것도 말이 안 되지. 조국은 검찰 개혁의 적임자냐 아니냐에 앞서서 범죄자냐 아니냐가 문제인 사람인데. 조국씨가 범죄자인지는 재판의 결과를 기다려야겠지만, 어쨌든 가족들 중에 범죄자로 의심되는 사람들이 있는데, 조국씨가 무슨 검찰 개혁의 적임자가 되겠어. 그 양반은 그냥 형사법 공부해서 학자 하던 사람인데, 그런 사람이 민정수석을 했는데, 그것도 잘 못했잖아. 인사검증을 제대로 못해서 문제가 생기기도 했고. 민정수석의 제일 중요한 일이 인사검증이랑 대통령 가족들 사고 안 치게 하는 건데, 민정수석으로서 뛰어난 사람이 아니었는데, 어떻게 법무부 장관으로서 뛰어난 사람이 될지도 잘 모르겠고. 검찰 개혁을 왜 법무부 장관이 해야 하는지도 모르겠고. 문대통령은 윤석열 총장한테도 지시하잖아. 이렇게 해라, 그러니까 윤석열 총장이 '네, 알겠습니다' 하고 발표도 하고, 조국도 뒤따라서 이런 건 장관이 하는 거다 하는 웃기는 일이 벌어지기도 했고.

지_ 조국 장관 사퇴할 때도 '검찰 개혁의 불쏘시개가 되기 위해'서 사퇴한다고 했는데요.

고_ 그건 정말 웃기는 소리지. 그쪽 진영에서는 보통 사람이 30년 동안 할 일을 조국 장관이 35일 만에 해치웠다고 하는 얘기도 들리는데, 정말 어이가 없지. 그사이에도 문대통령이 윤총장한테 얘기하면 윤총장이 직접 하고 그런 경우가 많았는데. 조국씨가 쫓겨났다는 걸 이해 못하는 문빠들이 많은 걸 나는 이해 못하겠어. 조국 장관이 잘렸다는 걸 이제는 좀 이해하는 문빠들도 있는데. 처음에는 조국이 알아서 사표를 낸 거라고 생각한 거지. 공지영씨 같은 경우는 SNS에 '문대통령님, 조국 장관님의 사표를 수리하지 말아주십시오', 이 따위 얘기나 하고 있잖아. 문대통령이 나가라고 했으니까 할 수 없이 나간 거지, 조국이 그렇게 장관 되고 싶어서 자기 집안까지 완전히 엉망으로 만든 사람인데, 장관 그만두고 싶어서 그만뒀겠어?

지_ 공지영 선생이 그전에는 '문프가 임명했으니, 믿고 따라야 한다'고 하셨는데, 문프보다는 조국 장관이 더 중요했던 것 같아요.

고_ 약간 이상해. 정말 조국씨에 대한 공지영씨의 지지는 지나치게 헌신적이야. 이해할 수가 없어.

지_ 연예인들 팬덤 같은 느낌도 있고요.

고_ 연예인들 팬도 못해봐서 잘 모르겠는데, 하여간 이해는 안 가.(웃음)

지_ 조국 교수 입장에서는 가혹하다고 생각할 수도 있겠는데요. 이런 얘기를 하는 사람도 있더라고요. 상황이 이렇게 된 것도 자업자득 아니냐, 싸우려면 준비를 제대로 하고 싸워야지, 자기들 주장대로라면 '니네들 쓰레기니까 내가 정리해줄게'라고 선포했으면 상대방은 당연히 사시미칼 들고 전쟁을 준비하고 있을 거잖아요. '내가 다 가서 정리해주면 되지. 우리는 정의로우니까 적들도 동의할 거야' 하고 나이브하게 접근했다가 저쪽에서 칼질하니까 당하고 나서 '개새끼들. 역시 나쁜 놈들이네'라고 얘기해봤자 소용없는 거잖아요. 자기가 원래 그렇게 주장했잖아요. 쟤네들은 구태고, 정리해야 될 놈들이라고.

고_ 이런 것도 중요한 지적이야. 이 사람들은 부도덕할 뿐만 아니라 무능해. 부도덕하더라도 유능한 세력들이 있었잖아. 한때의 자한당은 싸움 잘했잖아. 지들이 부도덕하긴 해도. 그런데 지금 집권세력은…… 이건 무능 플러스 부도덕까지 같이 가니까 갈 데가 없는 거야. 그래놓고도 며칠 전 트위터에 안도현 시인이 조국 백서를 내야겠다고 썼어. 정확히 기억은 안 나는데, 멋있는 말을, 시적인 표현으로 썼어. 바람 하나하나가 뭐라고였더라? 그래서 내가 그런 것을 쓰면 조국 흑서가 될 거라고 썼지.(웃음) 조국이라는 사람이 뭐 그렇게 중요한지 모르겠어. 그런데도 극문빠 중에서는 조국을 차기 대통령으로 생각했던 사람들이 많았던 것 같기도 하고.

지_ 굉장히 상식적이라고 생각하는 친구한테 '무리하게 조국 대통령 만들려고 하다가 이렇게 된 거 아냐?' 했더니 '그런 대통령을 보고 싶다'고 하더라고요. 도덕적이고 지적인 대통령을 얻게 된다고 생각하고 있는 것 같아요. 그래서 이런 사람들의 정서, 조국에 감정이입이 되어서 우리가 정말 검찰한테 당했다고 생각하는 정서를 무시하고는 이 정국을 해석하기도, 풀어나가기도 어렵겠다는 생각이 들더라고요.

고_ 글쎄, 법원 판결이 있은 이후에도 계속 그런 반응이 있을지도 모르겠는데. 어쨌든 법원이 알아서 잘 판결을 해야겠지.

지_ 서초동 집회에 나오는 분들의 경우에는 언론에 대해서 상당히 적대적이지 않습니까? 기레기라고 하면서. 물론 조중동이나 종편 기사를 보면 상당히 기가 막힌 보도들이 있는데요. 지금은 경향이나 한겨레까지도 굉장히 적대적으로 대하는 경우도 많습니다.

고_ 한겨레 같은 경우는 어용신문이랑 똑같아. 유시민씨가 '어용시민'을 자처했던 그 의미에서 어용신문. 그런데도 그 신문이 문빠들한테 왜 이렇게 씹히는지 모르겠는데. 문빠들의 욕심은 한이 없는 것 같아.

지_ 그래도 섭섭하다는 거죠.

고_ 그러니까 문빠들의 욕심이 한이 없는 것 같다고, 그리고 언론들이 뭘 그렇게, 생각해보자고. 노무현 대통령 때 조중동이 편들어줘서 정치했나? 그때도 마찬가지였어. 맨날 씹혔어. 한겨레조차 지금 같은 어용신문은 아니었고. 기본적으로 정권 편을 들기는 했지만, 지금처럼 오보를 무릅쓰면서까지 정권을 도와주지는 않았다고.

지_ 맨날 싸웠죠.

고_ 그랬지. 노무현 정권 때도 한겨레랑 경향이 좀 도와주고, 그런 정도였어. 지금이랑 마찬가지라고. 그때보다 상황이 나빠진 것이 없다고. 어쩌면 지금 종편이 생겨서 더 나빠졌는지도 모르겠어. 그렇지만 종편 중에서도 JTBC가 있잖아. JTBC는 영향력도 영향력이지만 언론 신뢰도가 최고인데, 이런 종편이 정권을 밀어주고 있는 거 아냐. 그렇게 보면 노무현 때보다 언론 환경이 악화됐다, 그렇게 볼 수가 없다고, 사실. 그런데도 문빠들은 계속 언론 탓, 검찰 탓만 하잖아.

지_ 김규항 선생이 지적한 것처럼 손석희만 해도 팩트를 중시하는 중도파라고 봐야 되는데요. 그런 면에서 보면 이분이 변한 것이 없는데, 손석희도 변했고 기레기라고 하는 사람들이 생겼지 않습니까?

고_ 자기를 응원해주지 않으면 팩트가 어떻게 되었든 기레기가 되는 상황이야. 김규항씨 얘기가 나와서 그런데, 글 참 잘 쓰는 친구지. 이따 이런 소위 '논객들' 얘길 좀 해볼까? 문빠들을 중심으로. 일종의 지식사회학.(웃음) 사실 문빠가 아닌 사람들 입장에선 손석희도 어용언론이라고.

지_ 앞으로 정국이 어떻게 흘러갈 거라고 보세요? 교착상태

63

에 빠진 것 같은데요.

고_ 문대통령이 정말 교묘하게 잘하지 않으면 내년 총선도 어려워져. 그나마 지금 조국 장관이 사퇴를 했으니까, 사퇴를 안 한 것보다는 나은데, 그래도 모르지. 이번 정권이 정말 야당복은 있어. 아무리 못해도 야당이 더 못해주니까 지지율 여론조사에서는 이기고 있잖아.

지_ 선생님도 여론조사에서 데드 크로스를 맞으면서 조국 장관이 사퇴했다고 보시는 건가요?

고_ 민주당 지지율이 전반적으로 내려갔잖아. 조국 효과 아니면 다른 것으로 설명할 수가 없거든. 멀쩡하던 민주당 지지율이 자한당 지지율 쪽으로 치달려 내려가고 있는데, 뭔가 조치를 취해야 했겠지. 대통령도 이대로 가만 놔뒀다가는 안 되겠다 싶었을 거야.

지_ 아까도 나온 얘기지만 지식인의 숙명이 힘센 쪽에 붙을 수밖에 없는 부분이 있지만, 그래도 서슬 퍼런 군사정권 때도 올바른 소리를 하던 지식인들이 있었잖아요. 지금 이 정권을 옹호하는 분들도 그렇게 비장한 마음으로는 하시는 것 같은데요. 그런데 이명박근혜 때 집회 나가던 그런 분위기는 분명히 아닌데요.

고_ 비장함도 오래 지속될 수는 없지. 그런 분들이 세태파악을 잘못하고 있다고 말할 수밖에 없네. 나로서는.

말싸움과 글싸움은 다르다

지_ 다 좋은 분들이긴 하죠. 어용지식인 선언을 하고 그런 역할을 하고 계시는 유시민 작가에 대해서는 어떻게 생각하세요? 알릴레오 등을 통해 방송을 하고 계시는데, 예전의 날카로움 같은 것은 안 보이는 것 같습니다. 이분에 대한 호불호를 떠나서 논리력과 전투력은 인정할 수밖에 없는데요. 지금은 자세가 안 나오는 듯한, 마지못해 움직이는 듯한 느낌도 살짝 있는 것 같습니다만.

고_ 나는 한국에서 알려진 지식인들 가운데선 유시민씨가 말을 제일 잘한다고 생각해. 말을 잘한다기보다 말싸움을 잘한다고 할까. 말이나 말싸움을 제일 잘한다고 생각해. 유시민과 붙어서 한번 겨뤄볼 사람이 혹시 있다면 최재천이라는 국회의원이 있었어. 지형도 알겠지. 그 사람 정도면 한번 붙어볼 수 있을까, 말로는 도저히 유시민씨를 따라갈 사람이 없다고 생각하는데, 글은 좀 달라. 나도 유시민씨가 글을 참 잘 쓴다고 생각하긴 해. 그런데 대학 다닐 때 쓴 항소이유서를 가지고 명문이라고 하는 사람들이 있는데, 그건 약간 우스운 얘기라고 생각해. 항소이유서는 젖비린내 나고 조악한, 자의식이 강한 글이었고, 그 이후에 유시민씨는 글이 점점 나아져서, 그야말로 글 쓰는 실력이 일취월장해서 지금 이제 글을 아주 잘 쓴다고 생각하는 거지. 말싸움 얘기 나온 김에 글싸움 얘기를 하면, 글싸움은 진중권씨가 제일 잘하지.(웃음) 글싸움이랑 말싸움은 좀 다르잖아. 글과 말은 좀 다른데, 말하는 거 지형이 보듯이 나는 어눌한데, 진중권씨가 처음에 TV에 가서 말할 때 진짜 말을 못했어. 기억이 날지 모르겠는데.

지_ 글보단 확실히 떨어졌었죠.(웃음)

고_ 처음에 100분 토론 가서 말하는 거 보면서 '왜 저런 데 가서 스타일 구기고, 이미지 구기냐. 한심해죽겠네'라고 생각했었는데.(웃음) 말하는 것도 글 쓰는 것과 마찬가지로 연습을 하고 단련이 되면 잘하게 되는 것 같더라고. 진중권씨는 이제 말도 잘하지. 유시민씨가 글을 잘 쓰게 됐듯이 진중권씨도 말을 잘할 수 있게 돼서 부럽긴 부러운데. 부러워하는 건 그만두고, 내가 진중권씨랑 완전히 갈라서게 된 것은 진중권씨가 호남혐오주의를 드러냈기 때문이야. 아까 말했던가, 나를 호나미스트라고 부르기도 하고. 나는 그게 유시민씨의 영향이라고 생각해. 유시민씨야말로 한국 제일의 영남패권주의자고, 뭐라고 할까. 이러다가 유시민씨한테 고소당하겠네.(웃음)

지_ 실제로 DJ정부 때 김대중 대통령에 대해 굉장히 비판을 했었죠. 나중에 이희호 여사님께 사과를 하기도 했고요.

고_ 그런 것은 잘해. 정말 아주 처세술에 밝은 사람인데, 진중권씨가 호남혐오주의자가 된 것이 유시민씨의 영향이라고 생각해. 물론 내 추측일 뿐이야. 노회찬씨 살아 있을 때, 〈노유진의 정치카페〉를 하면서 셋이 친했을 거잖아. 그걸 하면서 유시민의 영향을 많이 받았던 것 같아. 진중권씨가 굉장히 명민한 사람인데, 조국씨보다 훨씬 명민한 사람이라고 생각해. 논문 길이의 글은 안 읽어봤고, 읽어본 것은 칼럼 정도밖에는 없는데, 트위터만 읽어봐도 진중권씨가 조국씨보다 명민하다는 것이 드러나지. 진중권씨 같은 명민한 사람을 호남혐오주의자로 만들 수 있다는 것은 대단한 능력이거든. 물론 내 추측에 불과하지만. 아무튼 시민 Y는 절대 악이다, 저 근처에는 가지 말아야지, 저 근처에 가면 어떻게 될지 모르겠다는 생각이 들더라고.(웃음)

지_ 세 사람 모두 어마어마하게 말을 잘하잖아요. 이 당대의 이빨꾼들이 유시민씨 앞에서는 기가 빨리는구나 하는 생각이 들었어요. 두 사람은 이타적인 느낌, 유시민 작가를 원톱 스트라이커로 옹립하는 느낌이더라고요. 진중권 선생한테 호남혐오 감정 같은 것이 생겼다면 그 부분도 있겠지만, 강준만 교수와의 논쟁 탓도 있지 않을까요?(웃음)

고_ 글쎄 뭐, 그건 알 수 없지. 진중권씨 머릿속에 들어가본 것은 아니니까 그건 잘 모르겠는데. 내 짐작으로는 진중권씨의 호남혐오주의는 유시민씨에게 영향을 받은 것이 아닌가 싶다는 거지. 자비로우신 유시민 선생님, 저를 고소하지 마세요, 제가 제일 무서워하는 게 병원이랑 법원이에요.(웃음) 진중권씨도 지금은 호남혐오를 버렸을지 모르지.

지_ 진중권 선생은 라디오 인터뷰에서 이번 사태에 대해 비판적인 얘기를 했다가 공격을 많이 당했잖아요. '내가 믿을 수 있었던 사람들을 믿을 수 없게 됐다'면서 탈당 의사를 넌지시 비쳤다가 탈당은 안 하셨고, 그 발언들에 대한 비판을 많이 받았는데요.

고_ 그런데 왜 다시 들어갔지? 정의당은 더불어민주당의 위

성정당에 불과한데.(웃음)

지_ 거기에 대해서 사람들이 조국의 친구인데, 친구를 지켜주지 않고 배신하냐는 얘기도 했었죠.

고_ 배신이라는 것이 깡패들 의리를, 그러니까 기리를 안 지켰다는 건데, 조폭들 의리라는 것은 안 지켜도 되는 거지. 그래도 진중권씨가 마지막으로 남은 양심이라는 것이 있구나, 아니면 명민함이 있구나 하는 생각을 했어. 정의당에서도 나왔어야 되는데, 뭐가 아쉬웠는지 모르겠는데, 심상정이 꼬드겼겠지. 바깥은 추워, 허허벌판이고, 시베리아야 하고.(웃음)

지_ 동양대 교수로 계시기 때문에 최성해 동양대 총장을 비판하기는 어려웠던 것 아니냐고 하는 사람도 있던데요.

고_ 그렇게 짐작할 수야 있겠지. 동양대 총장을 비판하기는 어렵지 않겠어? 그만둘 생각을 하지 않은 이상.(웃음) 그런데 진중권씨는 아직은 그만둘 때가 아닌 것 같아, 나이도 있고.

지_ 원래 모두까기 인형으로 유명하신 분인데요. 나이가 들어서 예전보다는 둥글둥글해졌다고 생각하시는 건가요?

고_ 진중권씨가? 그런 것도 있지. 둥글둥글해졌다는 것이 성품 자체가 그럴 수도 있고, 성품은 여전히 깐깐하지만 계획적으로 그럴 수도 있고. 모두까기 인형 역할을 해서 본인에게 좋을 것은 없잖아.

지_ 공희준씨 같은 경우에는 유시민 작가에 대해서 비판을 세게 하고 있어요. 비판적인 유시민론을 쓰겠다고 하기도 하고요. 곧 정계복귀 선언을 할 것이라고 예측하던데요. 문재인 지지 그룹 중에서는 유시민 작가를 차기 대통령으로 생각하는 사람들이 상당히 많잖아요.

고_ 지금 남아 있는 사람이 유시민밖에 없는 건 사실인데. 나는 이렇게 생각해. 내가 유시민이라는 사람을 인격적으로 참 싫어하는데, 그럼에도 불구하고 자기가 몇 번이나 했던 말을, 그것도 누가 시키지도 않았는데 스스로 했던 말을 뒤집고 나올까 하는 데 대해선 회의적이야. 나는 유시민씨가 대선에 안 나올 것 같아. 물론 넓은 의미의 정치는 지금처럼 계속 하겠지. 유시민씨가 정계에서 은퇴했다고 믿는 사람이 얼마나 되겠어?

지_ 좋게 보면 현실감각이 있다는 얘기겠네요. 자기 상황과 위치를 파악할 수 있는. 어떤 것이 자기한테나 자기가 지지하는 정치세력에게 유리할 것인가를 이해하는 정도는 된다는 거고요.

고_ 특히 자기에 대해서, 자기가 나가서 확실히 대통령이 된다고 할 때도 그 과정이 쉬운 일이겠어? 문재인 대통령처럼 하면 쉽긴 쉬울 텐데, 다 문대통령처럼 할 수는 없는 거고. 자기 노후를 대통령을 하면서 바쁘게 지내고 싶지 않을 수도 있겠지. 나는 그냥 나이가 들어서 그런 것인지는 모르겠는데, 유시민씨가 그 약속은 지킬 거라는 생각을 해.

지_ 그 정도의 식언은 하지 않을 것이다?
고_ 그렇지.

지_ 아까 문빠들을 중심으로 일종의 지식사회학적 얘기를 해보자는 말씀을 하셨는데요. 이번에 지식인들이나 언론의 태도에서 가장 실망하신 부분은 어떤 건가요?
고_ 아이, 나는 또 역시 지난 대선 때와 똑같이 일군의 문인들이 '조국 수호' '검찰 개혁'을 외쳤다는 것이 참……. 이 얘기를 하자면 돌아가신 황현산 선생 얘기를 하지 않을 수 없는데, 황현산 선생이 대선 전에 트위터를 통해서 굉장히 친문 운동을 많이 하셨거든. 지형이 그 양반 트위터는 열심히 안 읽어본 모양이네. 처음에는 인문적인 얘기, 그 양반한테 어울리는 말만 하시다가 점점 정치 트윗을 하시더니 완전히 친문 트윗들을 올렸어. 거기 대들면 블락 하고, 막판에는 나도 블락 당했어.(웃음)

지_ 선생님도 블락 많이 하셨잖아요.(웃음)

고_ 나는 황현산 선생을 만나면 형이라고 불렀던 사이고, 내가 대들긴 대들었지만 버릇없이 대든 것은 아니고, '이건 이렇고, 이건 이렇지 않습니까?' 하고 조심스럽게 대들었어. 대선배한테 대든 거니까. 그런데 그 대듦을 이 양반이 못 참으시더라고. 이분이 문재인씨에 대해서 늘 좋게 얘기하셨어. 문재인씨가 대통령이 된 다음에는 이낙연씨에 대해서도 좋게 얘기하시고. 언제 한번 봤는데, 이낙연씨가 자기한테 참 공손하더라고 말씀하시던데, 그때 이낙연씨가 뭐였는지 몰라도 그럼 대학교수 앞에서 공손하지, 이름난 교수 앞에서 침 뱉을 일이 있겠어, 괜히.(웃음) 그런데 그래가지고 결국 문재인 지지 선언을 했잖아. 물론 안도현씨랑 공지영씨랑 이런 사람들이 주도해서 사람들을 모아서 지지 선언을 했는데, 그것은 진짜 일종의 정치적 포르노그래피라고 생각해. 정치적 포르노그래피. 대통령이 될지 어떨지 모르는 상황도 아니었고 문이

압도적인 상황이었는데, 나서가지고, 이건 돌아가신 분에 대한 욕이 될지도 모르지만, 그런 앙가주망이 일종의 엽관운동이 될 수밖에 없다는 것이 드러났잖아. 엽관운동이라는 말은 아시지, 사냥한다고 할 때 엽자와 관리직 할 때 관인데 영어로 스포일 시스템(spoils system)이 될 수밖에 없는 것이, 돌아가시기 전에 문화예술위원장을 또 맡아서 하셨잖아. 뭐, 대단한 자리라곤 할 수 없다고 생각할 수도 있지만, 그래도 아주 큰 돈을 움직이는 자리지. 잠깐 하시고, 암으로 그만두셨지만. 에이, 참. 존경하는 고인에게 누가 될 말을 하고 말았네. 내가 그분의 사람됨과 글을 참 좋아했는데.

지_ 좋게 보면 공적인 책임감 있는 자리에서 일을 하시고 싶었던 부분도 있었겠는데요.

고_ 우리가 남의 속마음을 함부로 짐작할 수는 없지만, 그럴 수도 있겠지. 그렇지만 이른바 지식인의 정치 참여와 엽관주의 문제는 무시할 수 없어. 상지대학에서 불문학을 가르치던 시인 있잖아. 그분은 지형도 알다시피 친노-친문의 대모(代母)라고도 불리는데, 노 정권 때 뭔 방송사 이사를 했잖아. 나는 대부분의 이런 정치 교수들이 정치적으로 백치이거나 아니면 반대로 아주 영리하다는 느낌을 가지고 있어. 도저히 말

73

이 안 되는 소리로 사람들을 선동하거든.

지_ 공지영 작가 같은 경우에는 공직을 맡고 싶어하시지도 않는 것 같고, 사실 호불호가 심해서 그러기도 쉽지 않을 것 같은데요.

고_ 공지영씨는 싸움을 즐기는 것 같아. 몰라, 이번에 안도현씨에 대해서도 생각이 복잡해졌는데, 안도현씨가 대선 전에 전주 우석대학교에서 문빠 식구 하나를 챙겨주고 있었던 거 같아. 그 사람들은 의리가 있잖아.

지_ 지금은 모교인 천안에 있는 단국대학교로 옮기셨어요.

고_ 암튼 양정철씨가 우석대학교에서 교수를 하고 있었던 것 같아. 자신과 별 관련도 없는 문예창작과에서. 물론 양정철씨가 홍보 전문가이니 관련이 있다고 우기면 우길 수도 있지만. 그런데 우석대학교에서 양정철씨를 교수 시켜줄 사람이 누가 있겠어? 안도현 빽 아니면 누구 빽으로 들어갔겠어? 안도현 선생님, 저 고소하지 마세요! 이유는 아시죠?(웃음) 사실 이런 것을 가지고 비판하는 것은 좀 우습네. 그 교수라는 것도 아마 정교수는 아니고 초빙교수거나 객원교수였겠지. 공지영씨 같은 경우는 선악을 떠나서 좀 평상심에서 자주 벗어나 있는 게 아닌가 하는 생각이 들 때가 있어. 열정이 과도하다고나 할까? 아무튼 온 힘을 다해 사랑하고 온 힘을 다해 미워하는 그런 부류의 사람이 공지영씨 아닌가 하는 생각이 있지.

지_ 이재명 지사를 비난할 수도 있는데요. 본의가 아니긴 했지만, 공지영 작가님 때문에 점 얘기가 세간에 알려졌잖아요.
고_ 아주 경박한 일이었지.

지_ 그것도 김부선씨가 원하지 않은 상황에서 개인적으로 한 이야기였잖아요. 본인의 주장으로는 정의감을 가지고 폭로를 했는데요. 그것 때문에 김부선씨도 당황을 했고요. 본질하고는 다른 게임이 되어버렸습니다. 거짓말 논쟁이 되다보니 이재명 지사 입장에서는 너무 억울했거나, 아니면 호재라고 생각해 진실 게임으로 몰고 가서 의사들 앞에서 점이 있는지 없는지 확인까지 하지 않았습니까? 없다는 결론이 났으면 정상적인 상황이라면 '이 부분만큼은 내가 오버했다. 미안하다'고 해야 되는데, 거기에 대해서 사과하지 않고 SNS를 통해 '의사들을 어떻게 믿냐'고 했는데요. 의사들이 그런 거짓말을 했다가 의사로서의 커리어가 날아갈 수도 있고요. 거기다가 이재명이 권력자라고 하지만, 그때의 분위기는 정말 권력자측의 의도가 어디에 있었는지 누가 봐도 짐작을 할 수 있는 상황인데요. 의사들이 이재명 눈치를 보면서 있는 것을 없다고 하지는 않았을 것 같거든요. 만약 요즘 진보 남성 지식인이 그랬다면 지식인으로서의 커리어를 접었을 수도 있을 것 같습니다. 그 외에도 여성 지식인들이 무리한 주장을 하고 나서 '500년 가부장' 운운하는 것은 지식인으로서의 태도가 아니라고 생각합니다.

고_ 나도 그렇게 생각해.

지_ 이렇게 얘기하면 50대 남성 둘이 뺄소리를 했다고 하겠네요.

고_ 불행하게도 나는 얼마 전에 만 60을 넘기고야 말았네.(웃음) 공지영씨가 데뷔했을 무렵에 공지영씨와 시인 최영미씨가 문단의 양대 미인이라고 좀 떠들썩하기도 하고 그랬는데. 이거 미소지니라고 비판받을 수 있겠다. 공지영 선생님, 최영미 선생님, 미인이라고 해서 죄송합니다. 그런데 두 분 사실 미인이세요.

지_ 김규항 선생이 SNS에 쓴 글은 보셨나요?

고_ 못 봤어.

지_ 민중을 동원해서 자기들의 정치적 힘으로 활용하는 것은 양쪽이 다 도찐개찐이라는 뉘앙스의 글을 쓰셔서 까이고 있거든요.(웃음) 본인보다 왼쪽에 있는 사람들 입장에서 충분히 할 수 있는 말이잖아요. 그걸 가지고 논쟁을 할 수는 있겠지만요.

고_ 유시민씨랑 말싸움에서 대적할 수 있는 사람은 최재천씨라고 내가 말했는데, 진중권씨랑 글싸움에서 대적할 수 있는 사람은 김규항씨 정도가 아닌가 싶어. 김규항씨가 글싸움을 즐기는 것 같진 않지만. 김규항씨의 글은 정말 검객의 글이지. 날이 바짝 선 칼을 가지고 다니는 검객. 최근에 『유시민, 이재명』이라는 책이 나왔다고 하던데, 그걸 쓴 사람이 김인성이라고.

지_ 디지털 포렌식 전문가라고 하던데요. 수사에 참여해 자료를 검토하는 과정에서 유시민씨의 민낯을 봤기 때문에 그런 사람이 절대로 대통령이 되어서는 안 된다는 거고요. 결론은 이재명을 지지한다는 것이었던 것 같습니다. 그걸 공희준씨가 편집을 했던데요.

고_ 어쨌든 그 사람들은 유시민씨가 대통령으로 나온다는 생각을 전제로 한 거네.

지_ 선생님 생각과는 전제가 다르니까요. 유시민 작가가 본인이 하지는 않더라도 킹메이커가 되려고 할 것은 뻔한 사실이잖아요. 그렇게 되면 대통령에 버금가는 영향력을 누릴 거고요.

고_ 그렇겠지. 이재명 지사는 사람이 어떤가?

지_ 저는 이재명 지사를 만나본 적은 없는데요. 까칠하고 호감이 가는 형은 아닌데요. 대체로 이재명 지사를 지지하는 사람들의 평은 일은 잘한다, 복지 같은 목표를 가지고 그걸 해결해나가는 파이팅이 있다는 건데요. 저는 이재명 지사가 좋다는 것이 아니고, 선거 때 일각에서는 이재명 지사를 공격하는, 불순한 의도를 많이 보였고, 심지어 선생님 말씀처럼 그들은 무능하기도 했다는 겁니다. 어마어마한 화력을 가진 사람들이 질질 끌다가 결국 지사가 되는 것을 못 막았지 않습니까? 본인들 의도를 관철시킬 만한 실력도 없었다, 누가 봐도 전해철 의원을 띄우기 위한 것이었잖아요.

고_ 전해철씨는 법무부 장관이 되고 싶은 모양이지?

지_ 유력하다는 얘기가 나오던데요. 야당도 이번에는 그렇게

까지 반대를 못하지 않을까 싶기도 하고요. 어쨌든 황교안, 나경원 등 자유한국당 사람들의 이번 사태에서의 행보는 어떻게 보십니까? 잘한 것도 없는데, 이상하게 반사이익을 얻은 것 같은데요.

고_ 글쎄 나는……(웃음) 황교안 대표가 삭발하는 것을 보면서 계속 이어가서 자유한국당 사람들이 다 삭발했으면 좋았을 텐데 하고 생각했어. 그러면 국회에서 삭발한 사람은 자유한국당, 아니면 다른 당, 이렇게 구별하기도 좋았을 거고, 그게 아쉬워. 나경원 의원이 삭발을 했으면 좋았을 텐데 할 듯 할 듯 하다가 안 해서 아쉬운데.(웃음)

지_ 류여해씨가 진정성을 보이라고 압박을 했는데요. 그때 분위기가 달라져서. 그렇게 다 삭발했으면 불교 친화적인 사람들이라고 몰아서 개신교 쪽과 이간질을 시킬 수도 있었을 텐데요.(웃음) 김어준 총수 행보는 어떻게 보시나요? 조민씨 인터뷰를 하는 등, 주변 사람들의 인터뷰를 하면서 조국 교수를 옹호해주기도 했는데, 그럼에도 불구하고 그의 행보가 성에 안 차는지, 욕하는 사람들도 있거든요.

고_ 김어준씨의 공과가 있겠지. 명민한 사람이라고 생각해. 그런데 황우석씨 사태나 세월호 음모설 때처럼 오버하는 일이 많은 게 탈이지. 김어준씨 얘기를 하려면 나꼼수 이야기를 안 할 수가 없는데. 이명박 정부 때 나꼼수라는 팟캐스트를 한 번도 들어본 적은 없어. 긍정적인 영향을 끼쳤나보다, 이렇게 생각하고 있었는데. 나중에 나꼼수의 영향을 받은 사람들이 하는 말들을 들어보면 그게 아닌 것 같아. 정치를 나꼼수로 배운 사람들이 많다는 것이 참 문제다, 직업 정치인 말고 일반 시민들이, 아니 직업 정치인도 마찬가지겠지, 정치를 나꼼수로 배운 사람들이 많다는 것은 세계에 대한 마니교적 선악 구도를 내면화한 사람이 많다는 뜻인 것 같아. 뭐든지 간단하고, 내 편 아니면 나쁘고, 우리는 좋은 편, 저쪽은 나쁜 편, 특히 민족주의 이런 것을 나꼼수라는 팟캐스트가 많이 퍼뜨린 것 같아. 그건 김어준씨만이 아니라 같이 했던 주진우 기자나 정봉주씨, 김용민씨 다 공동으로 책임이 있겠지. 생각해보면 그 사람들이 정봉주씨만 빼놓고는 다 한가닥씩 하고 있지 않아.

언제부턴가 논객이라는 말의 뜻이 변했다

지_ 지금 다 주목받는 언론인들이죠. 주류 언론인이 됐잖아요. 공중파에서 방송을 진행하고 있고요.

고_ 김어준씨가 200억 부자가 됐다는 얘기가 있던데. 헛소문이지?

지_ 그 정도는 아닐 것 같은데요.

고_ 그럼 그 정도는 아니어도 돈은 좀 번 모양이네. 그건 내가 약간 질투가 나는데.(웃음)

지_ 〈나는 꼼수다〉 이런 것들이 좋은 영향을 끼친 부분도 있지만, 말씀하신 것처럼 세계관을 너무 단조롭게 만든 면이 있는 것 같습니다. 그 사람들을 비판이라도 할라치면 격하게 반발을 하거든요. 자기들만 싸운 것이 아니고 분명히 다른 사람들도 자기 영역에서 싸웠습니다. 이명박 때 저렇게 목숨 걸고 싸운 사람이 어디 있어, 하는데요. 깃발을 꽂고 용감하게 싸운 부분은 분명히 있지만, 다소 과장이 있는 것 같습니다.

고_ 글쎄, 요즘엔 인터넷 지식인들을 넓은 의미로, 시대의 논객이라고 하잖아. 논객은 원래 '시일야방성대곡'의 장지연 선생 같은 지사적 분위기의 언론인들을 일컬어 논객이라고 했는데, 언제부턴가 논객이라는 뜻이, 한국에서 뜻이 변해서. 하긴 장지연 선생도 나중에 변절을 했구나. 암튼 논객이라고 하면 주로 인터넷에서 글을 쓰는 사람들 중에 대중적으로 알려진 이들을 가리키는 것 같아.

지_ 룸펜 같은 느낌을 주기도 하죠.(웃음)

고_ SNS에서 쌈질하는 룸펜 같은 느낌을 주기도 하지. 논객이라면 작년에 작고한 물뚝심송 박성호씨를 빼놓을 수 없는데, 나는 그 사람의 스탠스가 참 괜찮았다고 생각해.

지_ 균형감각이 있었죠.

고_ 기본적으로 친노-친문이면서도 아닌 것은 아니라고 확실히 비판을 했는데, 노문빠들은 그걸 못 참데. 죽으라고 저주까지 하고, 죽으니까 잘됐다고 하는 자들도 있고, 인간 이하의 쓰레기 같은 놈들도 많이 있었지.

지_ 그걸 정의라는 이름으로 이야기하니까 더 황당한 거죠. 일베 애들보다 인성이 더 나쁜 것이요. 일베 애들은 대체로 자기들이 쓰레기인 거 알잖아요. '우린 쓰레기야. 니들 우리 쓰레기라고 했잖아. 폭식 투쟁이나 하는 놈들이고'라면서.

고_ 아이구, 지형도 이 책 나가면 문빠들한테 욕 많이 먹겠네. 그런데 이건 중요한 이야기 같은데.

지_ 전반적으로 저쪽에 비해 옳은 가치를 위해서 활동하는 것은 맞는데요. 자기 교정이라는 측면에서 보면 쟤네들이 교정될 가능성이 높은 것 같습니다. 언젠가는 '이제 나도 나이 먹었는데, 폭식 투쟁 같은 거 안 해야지' 그럴 수도 있지만, 이분들은 또다른 정의를 찾아서, 또다른 적을 찾아서 공격하고 있을 것 같고요.

고_ 그렇지.

지_ 진보 진영이 팟캐스트를 통해서 성공한 것이 유튜브를 통한 저주로 나타날 수도 있을 것 같은데요. 새로운 매체를 통해 이슈 파이팅을 하는 것을 보고 보수들이 배운 것 같습니다. 원래 언론은 야당일 때 힘이 생기잖아요. 결집도 많이 하고. 여당 되고 나면 굳이 광장에 나갈 이유가 별로 없는데요. 자기들이 야당이 되고, 태극기 할아버지들도 광장에 나가기 시작한 거거든요. 이게 유튜브 시대를 맞아서 거기서 온갖 뻘소리를 해도 후원금이 엄청 들어옵니다. 팟캐스트보다 훨씬 더 선동적인 미디어가 됐는데요. 이게 한국 사회에 나쁜 영향을 줄 수도 있을 것 같습니다. 나꼼수 듣던 사람이 그렇게 판단하는 것처럼 보수 유튜브만 줄창 듣다보면 박근혜는 억울하게 탄핵당한 사람이고, 문재인이야말로 탄핵당해 마땅할 사람이라고 느끼는 거죠. 사실 박근혜 대통령이 억울하다고 말할 수는 없을 것 같지만요.

고_ 박근혜 전 대통령이 억울한 것은 하나도 없는데, 지금 문 대통령은 누리는 것이 너무 많다고 생각해. 아무 일도 안 하고. 심지어 나는 박근혜보다 별로 나을 것이 없는 대통령이라고 생각하니까. 나도 팟캐스트에서 유튜브로 가는 것을 위험하다고 보고 한마디하려고 했는데, 지형이 먼저 해주셨네.(웃음)

지_ 지금 이 격차가 점점 벌어질 거거든요. 관성이라는 것이 경로 의존성이 있기 때문에 윈도우 쓰기 시작하면 다른 것으로 바꾸기 어려운 것처럼 여전히 이쪽은 팟캐스트를 많이 활용하고 있는데요. 그쪽은 팟캐스트에서 판판이 깨지다보니까 유튜브 한번 해보자고 했는데, 그게 유튜브 시대와 맞아떨어진 거죠.

고_ 유시민씨도 유튜브 하잖아.

지_ 유시민이라는 파괴력을 생각하면 완전히 평정할 줄 알았는데, 그럴 정도까지는 아닌 것 같습니다. 이쪽 지지자가 아닌

다른 사람들을 설득할 정도는 아닌 것 같고, 보수 유튜버는 많으니까요. 강용석 변호사가 '조국 사퇴'였나 하는 문구를 검색어 1위로 올리자고 제안해서 네이버 검색어 1위에 올렸잖아요. 예전의 나꼼수 같은 영향력을 여러 사람이 품앗이하면서 갖춰가고 있는 것 같습니다.

고_ 인터넷은 이쪽이 잡았었는데, 이제는 그것도 아니라는 거네.

지_ 그리고 예전에 사회과학 분야 베스트셀러 상위권은 소위 좌파들 몫이었습니다. 그런데 지금 보면 우파, 아니 극우들이 쓴 책이 상위권을 점령하고 있잖아요.

고_ 그렇더라고.

지_ 이쪽은 아쉬운 게 덜하고, 저쪽은 아쉽고 절박하거든요. 이런 상황에서 유튜브를 통해서 로또를 맞은 셈인데요. 실력도 별로 없이.(웃음) 그게 젊은층들의 진보 586에 대한 섭섭함과 실망이 합해져서 힘이 생기는 것 같아요. 사실 일베에 있는 친구들 중에는 광우병 촛불집회에 나왔던 사람들도 많거든요. 진보와 논쟁하다가 상처를 받고 간 친구들도 상당히 있다고 들었습니다. 어떻게 보면 원래부터 품성이 그랬다고 볼 수도 있지만, 진보 진영의 오만함과 강퍅함에도 이유가 있다고 보는데요. 그런 것에 대한 반성은 안 하거든요. 세상을 자기들식으로 엄청나게 단순화시켜서 보자면, 맨날 기울어진 운동장이라고 한다면 말입니다. 시소를 탈 때 무게중심이 저쪽으로 옮겨가면 가운데쯤 앉은 아이들을 꼬셔서 '일루 올래, 여기 오면 좋아, 저긴 그렇지 않잖니' 하고 데려와야 이쪽에 무게감이 생기는데요. 뒤통수 때려서 보내잖아요. '너 같은 쓰레기 필요 없다'고. 무능함이 오만함에서 오는 것 같기도 합니다. 우리 편으로 올 만한 애들은 마음에 안 들거나 해도 살살 꼬시고 해서 데려오기도 해야 되고, '저쪽이 떡볶이 사준다고 저기 가냐? 사람이 명분이 있어야지' 하고 여러 가지 방법을 써야 되는데요. '다 필요 없어. 이 새끼들아' 이렇게 해온 측면들이 있거든요. 저는 내부 총질이라는 말을 싫어하는데요. 자기들은 '이거 좀 잘해보자'고 내부 총질하는 사람들을 내부 기관총질을 해서 벌집을 만들어버리거든요. 그렇다면 누가 소수 의견을 내겠습니까? 그리고 그런 분위기에서 건강한 조직이 유지되겠습니까? 박근혜, 최순실이 워낙 큰 사고를 쳐서 아직까지는 여유가 있다고 할지는 모르겠는데요. 정치는 생물이라서 여기서 넘어가면 어떻게 될지 모르거든요. 특히 젊은층들에게 '니네들 왜 역사의식도 없냐'고 할 게 아니라요. 이들이 어릴 때부터 정권을 잡은 세력이 민주 진영인 경우가 많았거든요. 우리한테 직장을 만들어줘야 할 사람들이 저 사람들인데, 맨날 딴 얘기만 하고, '섭섭해요. 일자리 마련해주세요' 하면 '더 중요한 것이 있는데, 역사의식이 없어. 보수화됐어' 이런 이야기를 하니까 열 받을 수밖에 없지요. 그렇게 윽박질러놓고 쟤네들이 우리 편을 안 들어준다고 얘기하면 안 될 것 같고요. 그리고 만약에 윽박질러서 우리 편을 들게 한다고 해도, 그게 진심으로 이쪽 편을 드는 것이겠습니까? 저 사람들을 찍어주니까 우리한테 뭔가가 오는구나 하는 것이 마음속에 와닿아야겠죠. 젊은 사람들이 볼 때 이쪽 지식인들을 보면 저 사람은 존경할 만한 지식인이야 하는 느낌이 오겠습니까?

고_ 지식인 얘기하다가 진짜 선거 때 얘기로 돌아가고 말았는데. '조국 수호' '검찰 개혁'도 어떻게 문인들이, 조국이라는 사람이 정말 흠이 없는 사람이라면 이해가 가겠는데, 명백히 흠이 드러난 사람을 단지 친소 관계가 있다고 해서 친한 문인들끼리 모여서 조국 수호, 검찰 개혁이라고 나서고 있잖아. 황석영 선생 같은 분도 그러시던데. 황석영 선생이 43년생인가 연세가 꽤 되는데, 원로가 되어서 그걸 좀 그렇게, 내 판단이 틀렸을 수도 있겠지만, 조국을 옹호하고 나서니까, 아 진짜 이건 지식인의 종말이라는 생각도 들어. 아, 조국 못지않게 황당한 앙가주망을 하는 사람이 김상조라는 사람. 공정위 위원장 하다가 청와대 정책실장으로 간 사람 말이야. 난 그 사람 보면 기가 막혀. 예전에 신문에 글을 쓸 때 내가 알던 사람이랑은 전혀 다른 사람인 걸 알게 되니. 문득 생각이 나서 한 말이야.

지_ 광장의 정치라는 것이 어떤 면에서 무서운 것이, 그 스펙터클에 압도될 수밖에 없잖아요. 내가 생각하는 것이 정의라고 생각하는데, 100만이 넘는 사람이 촛불을 들고 있는 것을 보면 그렇게 느낄 수밖에 없거든요. SNS에 글을 올리는 사람들을 보면 '우리 국민은 위대하다'고 하는데요. 광화문 간 사람들은 또 그 스펙터클에 압도되는 거거든요. '역시 우리 국민은 위대하다'고. 입장 바꿔 생각해보면 저 사람들도 그렇게 생각할 수 있겠구나 해야 되는데요. 저 사람들은 선동되어 나온 사람들이거나, 돈을 받고 나온 사람이라고 생각하잖아요.

고_ 나는 거리의 정치라는 것이 굉장히 위험하다고 생각해. 거리의 정치를 직접민주주의와 연결시켜서 말하는 사람들이 있는데, 그러면 우리가 국회의원 선거를 왜 해? 우리를 대표하는 사람들을 뽑아서 그 사람들이 우리를 대의해서 정치를 하는 것이 대의정치인데, 이게 민주주의의 정석이고. 국회의원들 못 믿겠네, 우리가 나가야겠네, 이건 국회의원들의 잘못도 있어. 국회의원들의 잘못도 있는데, 단지 국회에서든 어디서든 밀리는 쪽의 반칙, 그 반칙이라는 것이 뭐냐 하면 편파적인 데모, 편파적인 시위라고 생각하는데, 이건 정말 아직 폭력적이 아니어서 그렇지, 이게 만약에 폭력화된다면 정말 위험하다고 생각해. 중국 문화혁명이나 지난 1930년대 나치 독일처럼 데모하면서 모택동의 정적을 박해하고 유대인 상점을 불태우고 이렇게 될 수 있거든. 지금이야 한국 사람들이 데모를 좀 얌전하게 하고, 경찰들도 얌전하게 진압하고 그러니까 다행인 거지. 서초동에서 데모를 하면서 데모를 하는 사람들이 그랬다는 거 아냐. '정권을 잡으니까 이렇게 좋구나. 경찰의 보호를 받으면서 데모를 할 수 있잖아'라고 했다는데. 이게 결국 정치를 패싸움으로 만들고, 나 아니면 너네 편, 둘밖에 없는 것으로 만들었지. 그래도 아까부터 반복되는 말이, 좀 더 많은, 여러 가지 색깔을 가진 정치세력이 등장해야 되는데, 대통령중심제에서는 그게 어렵지. 어렵지만 어려운 대로 선거법이라도 개정해서 다양한 정치세력이 나왔으면 좋겠어.

지_ 박원익, 조윤호씨가 쓴 『공정하지 않다』를 읽으면서 공감

했던 부분인데요. 지금 90년대생들은 어릴 때부터 경쟁하는 환경에서 자랐기 때문에 그 결과를 조금이라도 바꿀 수 있는 불공정함에 매우 민감하다는 거거든요. 조국 정도도 공정하지 않다고 생각하면 이 친구들은 진보적인 가치를 지향하는 면이 있는 거잖아요. 자유한국당을 지지하는 것도 아니고요. 금태섭 의원이 조국 수석에 대해서 공감 능력이 없다고 했는데요. 민주당을 지지하는 중산층 엘리트 그룹들한테 그 비슷한 것들을 많이 느꼈습니다. 경제적으로 어려워서 SNS에 징징거리기도 많이 했는데요. 공감 능력이 있는 사람이면 '이 새끼 힘든가보다'라고 하든가 '이 새끼 힘든 거 아는데, 니만 힘든 거 아니니까 닥쳐', 이것도 공감하는 거거든요. 그러면 어떤 분이 '요즘 너무 힘들어서 만 원밖에 못 보낸다'고 하세요. 그러면 너무 미안하죠. 비참하기도 하고요. 그런데 충분히 여유도 있고, 저랑 굉장히 자주 만난 사람인데도 불구하고 공감을 못하세요. '지승호씨처럼, 대한민국에서 만나기 힘든 사람들을 만날 수 있는 사람은 몇 안 돼요'라는 이상한 위로를 하세요. 저는 지금 돈 때문에, 빚 때문에 힘들다고 하는데도요. '당신을 위해서 기도한다'고 하는데, 핀트가 어긋난 위로인 거죠. 문화적으로 누리고 있는 것은 분명히 있지만, 경제적으로는 절대적으로 어려운 부분이 있다는 얘기인데 말입니다. 이런 분들이 정치를 하면 위험하다고 생각하고요. 공감이 안 되면 공감이 되는 척 연기할 수 있도록 사람들의 마음에 대해, 어려움에 대해 공부를 해야죠. 그렇게 다른 사람에게 공감을 못하면서 '왜 우리 진심을 몰라줘' 하면 국민들은 더 섭섭합니다. 우리 고통을 알아줘야 할 사람들이 알아주지 않는 거니까요.

고_ 이럴 때 김우창 선생님 같은 원로가 한말씀하시면 좋은데, 그분도 이제 너무 연로하셔서 그런지 글도 안 쓰시네.

지_ 김우창 선생과는 인터뷰도 하셨잖아요.

고_ 그랬지. 여러 번 했지. 책으로 묶인 것도 있고. 나는 20세기 한국 지성사에서, 정확히 말하자면 문학지성사에서 세 사람을 빠뜨릴 수 없다고 생각하는데, 우선 김우창 선생과 백낙청 선생. 김우창 선생은 문사철을 관통하며 박학하신 분이니까. 이 양반이 외국어로 글을 쓰셨으면 훨씬 더 알려졌을 텐데, 외국어로는 글을 별로 안 쓰신 게 아쉬워. 아무튼 김우창 선생 정도의 지식인을 지니고 있는 건 한국 지식계의 자랑이지. 백낙청 선생은 조국씨가 폼으로 했던 앙가주망을 실속 있게 하신 분이지. 그런데 나를 별로 좋아하지 않으실 거야. 지난 18대 대선 때 안철수를 눌러앉히는 데 혁혁한 공을 세우신

분인데, 내가 그때 그걸 심하게 비판했거든. 내가 젊은 시절에 그분께 큰 결례를 한 적도 있고. 돌아가신 분으론 문학평론가 김현 선생이 한국어를 참 잘 다뤘다고 생각해. 보니까, 지형이 노래에 대해서 천재더구만. 모르는 노래가 없데. 어떻게 된 거야?(웃음)

지_ 음악 듣는 것을 좋아하니까요.(웃음)

고_ 며칠 전에 바에서 나오는 노래들을 나는 처음 들어보는데, 다 따라 불러서 놀랐어. 쇼킹했어.(웃음) 나는 하여간 한국 음악가 중에 김민기랑 이장희 두 사람을 좋아하는데, 젊은 시절에 이 사람들을 낭만주의자로 규정했어. 김민기는 혁명적 낭만주의자, 이장희는 병적 낭만주의자로 규정했지. 이 규정은 지금도 그럴싸하게 생각돼. 이 두 사람 노래는 가사까지 거의 다 알지. 말하자면 영화 〈별들의 고향〉에 나온 노래들이라든가, 노래극 〈공장의 불빛〉에 나온 노래들. 지형도 거의 다 아는 노래들일 거야. 이 사람들의 노래를 좋아한다는 것은 내게 낭만주의 기질이 다분히 있다는 건데, 나는 그걸 늘 경계하기도 하지. 이성주의자가 되는 게 내 목표니까. 극단적 이성주의에 대해선 요즘 생각이 좀 달라지기도 했지만. 대개 세대를 구별하는 게 그 사람이 좋아하는 대중가요인데, 나는 70년대 음악에서 멈춘 것 같아. 물론 운동권의 민중가요로 친다면 80년대 말까지 이어지겠지만. 문승현, 안치환 같은 사람들의 노래, 좋아하지. 아무튼 지형은 좋아하는 노래로는 세대를 짐작할 수 없는 사람이더군. 다 좋아하니.(웃음)

미군 철수는 말려야 한다

지_ 딴 얘긴데, 지금의 한일관계는 어떻게 보세요?

고_ 문재인 정권이 왜 일본과의 관계를 저렇게 망쳐놨는지 모르겠어. 중국몽을 따라간다느니 헛소리를 해가지고. 박근혜도 중국 좋아하다가 망한 사람인데, 문재인도 그러는 것 같아. 이게 정말 대책이 안 서더라고. 한일관계 문제에서 한 가지 짚어야 할 점이 있는데. 내 개인적 생각으로는 일본 천황을 왜 천황이라고 안 부르고 일왕이라고 부르는지 모르겠어. 그쪽에서 천황이라고 부르면 천황이라고 불러주면 되는 거잖아. 천황이라는 말이 정말 쓰기 싫으면 일본말로 덴노라고 부르든가. 이낙연 총리가 천황 즉위식에 다녀왔는데, 거기서도 일왕 즉위식이라고 신문 기사가 나오니까 기분이 꿀꿀하더라고. 일본이랑 그렇게 사이가 나쁘면서도, 북한에 대해서는 문대통령 취임하자마자 북쪽 사람들을 초청해 동계올림픽을 엉망으로 만들어놓고, 자기는 측근들이랑 백두산까지 구경하고 했는데, 대한민국에 돌아온 게 뭐야. 북한의 공식 매체에서 문재인 대통령을 비웃거나 하고 그러잖아. 나는 어차피 통일을 그다지 바라지 않아. 통일이냐 평화냐 둘 중 하나를 결정하라고 하면 당연히 평화고, 우리가 만약에 통일이라는 것을 바란다면 몇백 년 후에나 되길 바라고. 통일이 된다고 하면 당연히 흡수통일을 해야 되는 거고, 아니면 대사관 두고 따로 살면 되잖아. 왜 민족 문제에 대해서 좀 단호한 지도자가 안 나오는지. 신문에서 며칠 전에 본 건데, 한국인들 여론이 탈북민들을 우리 사회의 구성원으로 받아들일 수는 있지만, 자기 며느리나 사위로 기꺼이 삼겠다는 사람은 얼마 안 되더라고. 십몇 퍼센트 정도밖에 안 되는 건데, 실제로 인종차별이 일어나고 있는 거라고, 통일이 되어도 마찬가지일 것이고. 나는 그래서 그냥 북한이랑 친하게 지내는 것은 좋은데, 그러려면 우리가 세게 나가기도 해야 가능한 것이지, 이렇게 널널하게 해서는 친하게 지낼 수도 없을 것 같아. 북한에 조롱이나 당하고 계속 그럴 것 같은데, 지형 생각은 어때?

지_ 일본 문제 같은 경우에 일단은 지금 아베가 도발을 했다,

계획을 했다고 말하고 있는데요. 일본은 친구일 수도 있고 적일 수도 있겠지요. 주옥순씨처럼 아베한테 미안하다, 이런 의견은 차치하더라도 '총선은 한일전이다'라고 하면서 국내 선거에 써먹으려고 하잖아요. 일본 정치인들을 잘 다스려서 우리 국익에 어떤 도움이 될지 따져봐야 할 텐데요. 이런 멘트를 날린다는 것 자체가 국내 선거에 외국을 끌어들여서, 우리가 진짜 일본과의 관계를 통해서 이익을 얻고 못 얻고가 중요한 것이 아니고, 총선이 더 중요하다는 속내를 드러낸 것 아닙니까? 양정철씨가 소장으로 있는 연구소에서 '지금 상황이 총선에 유리하다'는 문건이 나왔는데, 만들어도 안 되지만 만들었으면 유출을 시키지 말아야죠. 그렇게 비판하던 저 사람들과 무슨 큰 차이가 있는지 모르겠더라고요. 맨날 옛날보다 훨씬 낫지 않냐고 하는데, 진도 나가자고 촛불집회를 한 거지, 비슷한 행동을 하라고 한 것은 아니지 않습니까? 진도 못 나간 부분도 너무 많고요. 자기들의 정의감으로는 일단 우리가 정권을 계속 잡아야 나라가 온전히 유지될 수 있다고 생각하는 것 같은데요. 그렇게 생각하지 않는 사람들도 국민이고요. 그동안 자기들보다 왼편에 있는 사람들을 조롱해왔는데요. 몽상가라고. 노 재팬 운동하고 한일관계 이슈가 윤석열 때문에 들어간 겁니까? 이 판을 윤석열이 만든 것이 아닌데요. 그러니까 내로남불이 진보를 비판하는 주요 단어가 되는 거고요. 일본하고도 필요하면 싸워야 되고, 그건 미국, 중국, 북한과도 마찬가지인데요. 진짜 이게 우리의 국익에 어떻게 도움이 되는지 고민을 하고, 현명한 선택을 해야 되고요. 싸우려면 이길 수 있는 방법을 찾아야 되는데, 그것도 아닌 것 같고. 굉장히 낭만적으로만 나이브하게 접근하는 것 같습니다. '어, 선거에서 유리할 수 있네' 하는 것은 이 사람들이 어느 순간 기득권이 됐다는 거죠.

고_ 기득권이 됐지.

지_ 민주 정권이 세 번이나 집권했는데, '기울어진 운동장' 이야기를 하면 무능하다는 이야기밖에 안 되는 거고요.

고_ 별로 기울어지지도 않았어. 세 번 하는 동안 하도 많이 올려놔서 기울어지지도 않았어.(웃음) 그리고 민주 정권이라는 말은 이명박근혜 정권에도 해당되는 말이라고 나는 생각해.

지_ 한일관계는 어떻게 풀어가야 한다고 생각하십니까? 총리가 가서 '그래도 풀어야 되지 않냐?'고 이야기를 하고 있는데요.

고_ 아베의 군국주의 노선, 개헌 노선은 우리가 완강하게 비판을 해야 되지만, 쓸데없이 불매운동 이런 것은 정말 웃기는 것이고, 이건 좀 위험한 이야기인지 모르겠지만, 군사정보 교류협정은 계속 돼야 해.

지_ 지소미아.

고_ 우리가 모르는 정보가 너무 많이 있다고. 미국이 일본에만 주는 정보가 많이 있어. 그것도 우리가 먼저 폐기한다고 그런 거잖아.

지_ 그렇죠. 보복 차원에서 한 조치죠.

고_ 일본이 부품 수출을 안 하니까. 그런데 경제는 경제고, 국방은 국방이지, 이걸 다 연결시켜서 악착같이 보복을 하면 어떻게 해. 더구나 아쉬운 쪽은 우리인데. 한국에 제일 위협이 되는 나라는 북한인 것이 사실이잖아. 같은 민족이고 어떻고 간에. 우리들의 제일 경계 대상은 북한이 되어야지, 일본이 되어서는 안 되지. 우리가 일본이랑은 동맹협정을 맺은 것은 아니지만, 사실상 우방국 아냐. 정치가들이 현명하게 잘해야 되지만, 시민사회도 일본에 대해서 나쁜 감정을 퍼뜨린다든가 그러면 안 되지. 조희연 교육감도 북한에 수학여행을 간다고 하는데, 축구 선수들도 가서 위협을 느끼고 왔다는데, 왜 수학여행을 굳이 그리로 가. 차라리 일본으로 가지. 국사학 쪽은 더 그렇지만, 우리 국학 쪽 일반에는 예전의 NL 성향이 너무 짙게 남아 있는 것 같아. NL 성향 때문에 북한이 마음대로 해도 우리가 항상 양보하고 정권 차원에서도 이렇게 양보하지만, 민간인 차원에서도 양보하고 그러는데, 이것은 아주 안 좋다고 생각해. 나는 조희연 교육감을 원래 좋아했지만, 싫어하게 된 것이 그 친북주의야. 왜 이렇게 북한을 좋아해.(웃음) 운동단체든, 무슨 단체든 남한에 있는 사람이나 걱정을 해주고 할 것이지, 뭘 그렇게 북한을 걱정하는지 모르겠고. 자기가 좌파면 좌파답게 이쪽 사람 어려운 것을 챙기고, 북한 사람의 인권에 대해서도 우리가 발언해야 된다고 생각해. 그 사람이 진보라면. 내가 북한에는 안 가봤지만, 그게 사람 살 나라야? 북한에 너그러운 성공회대의 H도 북한에 가서 살고 싶지는 않을걸. 지형도 북한에 가서 살고 싶지는 않지?

지_ 저는 겁이 많은 사람이라 완전히 안심이 되지 않으면 금강산 관광도 안 갈 생각입니다. 갑자기 남북관계가 경색이 돼서 억류될 수도 있으니까요.(웃음) 북한하고 관계가 잘돼야 우리한테 희망이 생길 수도 있을 것 같은데요. 교착상태인데, 지금 미국 눈치를 너무 보는 거 아닌가요?

고_ 트럼프한테 호구 잡히고 있는 거지. 북한이 미사일을 쏴 대도 트럼프는 거기에 너그럽게 대하는 대신에 한국한테 무기를 팔고. 북한과의 관계가 잘되는 것이 잘 안 되는 것보다는 나은데. 남북관계가 잘돼서 우리가 큰 이익을 보는 것이 없어. 문재인 정부는 자꾸 서울에서 파리까지 시베리아 횡단열차를 타고 간다고 하는데. 만일 시베리아 횡단열차를 타고 스무 명이 파리로 수학여행을 간다면 그중 열 명 이상은 중간에 병들고 아플 거야. 생각을 해봐, 화장실도 그렇고, 아침저녁으로 양치질하고 일을 보는 것도 얼마나 힘들겠으며, 침대가 편하기나 하겠어? 비행기를 타면 열 시간 남짓이면 갈 것을 왜 십여 일을 들여서 가냐고. 화물이나 나른다면 몰라도 사람을 왜 그렇게 하냐고, 그건 이상한 거고.(웃음) 다만 북한이랑 자유롭게 왕래를 하게 되면 우리가 중국이나 러시아 쪽에 가기는 좋겠지, 뭘 유럽까지 기차를 타고 갈 생각을 해. 극동 러시아나 동북아시아, 중국이나 다녀오는 거지, 무슨 열차를 타고 유럽을. 나보고 가라고 하면 돈 줘도 안 가겠고.(웃음)

지_ 두 가지 얘기를 하잖아요. 일단 전쟁의 위협을 느끼지 않는다, 그러면 군비를 경제나 복지로 돌릴 수 있다는 것이 하나고요. 우리가 다른 성장 동력이 없으니까. 북한을 싼 노동력이라고 생각하면 개성공단 같은 것을 많이 만들고 확장해서 경제적으로 도움을 얻자는 것이 또하나 있는데요. 그것도 당분간이겠지만요.

고_ 지금도 전쟁이 날 것 같지는 않잖아, 핵이 있어도 못 써. 갖고만 있을 뿐이지. 북한에서 완전한 광인이 집권을 해서 우리나라도 망하고 나도 죽자, 이러지 않은 이상 핵을 못 써. 가지고 있으나 없는 거나 똑같은데, 가지고 있다가 자꾸 트럼프한테 제재나 당하고 있는 바보 같은 짓을 하는 것이고. 물론 체제유지라는 근본적 목표에는 핵이 도움이 되겠지. 한국 자본이 북한에 들어가서 싼 노동력을 이용한다고 하는데, 글쎄, 중국 자본도 못 그러고 있는데 한국 자본이 그럴 수 있을까, 그것도 잘 모르겠네. 개성공단 같은 소규모 사업도 사소한 일에 남북이 민감하게 반응해 다 철수한 마당에. 남북관계에 대해서 나는 비관적이야.

지_ 전쟁을 생각하면 북한 정권이 무모한 짓을 할 수도 있지만, 미국의 군산복합체가 국지전이라도 일으킬 가능성이 있지 않나 하는 우려도 있잖아요.

고_ 그래서 미군 철수는 절대 반대를 해야지. 나는 미군 철수를 반대한다고. 우리가 미군을 인질로 잡고 있어야지, 미군 떠나면 무슨 짓을 할지 모르거든.(웃음) 특히 트럼프 같은 대통령은 굉장히 변덕스럽고, 사상이 있는 사람이 아니라 그때그때 자기 변덕대로 하는 사람이라서. 이번에 북시리아에서 미군이 이라크 쪽으로 철수하면서도 아무런 책임도 안 지고 있잖아. 시리아에서 철수하면 터키군이 들어가서 쿠르드족을 학살할 것이 뻔한데. 실제로 그 일이 일어나고 있고. 그러니까 미국이라는 나라 자체가 나쁘다, 좋다 이런 것보다 미국도 어떤 대통령이 들어앉느냐에 따라 많이 다른 것 같아. 트럼프처럼 나 몰라 하는 스타일도 있고, 좀 책임감 있는 스타일도 있고.

지_ 아 몰랑. 누구 별명과 비슷한데요.(웃음)

고_ 오바마나 클린턴처럼 큰 책임감을 갖고 있는 대통령도 있는 것 같은데, 어쨌든 우리가 시리아랑 똑같다고 생각하지는 않는데, 그러니까 미국이 전략적·지정학적 관점에서 볼 때 한국을 시리아와 동급으로 놓지는 않을 거라고 보는데, 어쨌든 미군이 병력 얼마를 일본으로 철수시키겠다, 미국으로 데려가겠다고 하면 그것은 바짓가랑이 잡고 말려야지.(웃음) 우리가 인질로 삼아야지. 그래서 나는 자꾸 미군 철수하라는 사람들 보면 제정신인가 싶어. 아니 미군 철수하면 무서운 게 북한이 쳐들어올까봐 무서운 것이 아니라 미국이 사고 칠까봐 무섭지.(웃음) 수십 년 전의 폴 케네디나 근년의 앨프리드 매코이가 예언했듯, 미(美) 제국도 역사상의 다른 제국들처럼 머지않은 미래에 완전히 해체되겠지. 그렇지만 지금의 우리로서는 미국과 손잡는 게 제일이야. 그게 우리의 운명이기도 하고. 미국도 중국이 있으니까 함부로 할 수는 없겠지만, 중국도 외교하는 것을 보면 얼마나 얍삽하게 해. 언제든 미국이랑 눈이 맞아서 입장을 바꿀 수도 있는 것이고. 어쨌든 미군 철수 반대, 기본적으로 친미 노선, 그러면 어느 정도 친일 노선도 해야지. 정치적 친일도. 또 친일 하면 일제 때 친일만 생각하는데, 내가 일본 술 좋아하는 거, 스키야키 좋아하는 것도 일종의 친일이라고 한다면 친일이겠지. 한국은 세계에서 제일 가까운 나라가 일본 아니면 중국인데, 일본이 더 가깝지 않나, 음식 같은 것을 보면.

지_ 요즘은 마라탕이 붐이라서요. 중국식 샤부샤부라고 할 수 있는데, 한동안 엄청난 열풍이 불었거든요. 선생님은 개인주의자라고 얘기를 많이 하는데요. 자유주의자라고 하기도 하고요. 어느 책에 "태초에 개인이 있었다. 개인은 하느님과 함께 있었고, 개인이 하느님이었다. 최후에 개인이 남았다"라는 글도 쓰셨는데요.

고_ 내가 그런 글을 썼나?(웃음)

지_ 지금은 어떻게 보면 개인이 너무 없어진 시대 아닌가요? 당파적으로 움직이는 시대가 되어서 '너는 어느 편이냐?'고 묻는 시대잖아요.

고_ 나는 여전히 개인주의자고 세계시민주의자고, 개인주의자=세계시민주의자야. 나는 한국인이기도 하지만, 나는 아시아인이고, 세계인이고. 내가 일본에서 태어났으면 일본인이 되는 것이고, 중국에서 태어났으면 중국인이 되는 것이지. 내가 국가를 위해서 태어난 것도 아니고.(웃음)

지_ 그거하고 연관이 된 부분인데요. 시몬 베유가 했던 '집단은 결코 생각하지 못한다'는 말을 선생님이 인용하셨는데요. 어떻게 보면 약간 그런 느낌이 들거든요. 개인과 얘기해보면 말이 통하는데요. 집단이 되면.

고_ 생각을 안 해. 광화문에서는 약간 생각을 했는지 모르겠는데, 서초동에서는 생각을 안 해. 그러면서 조국 수호, 조국 수호 이렇게 올라가는 거야.(웃음)

지_ 말씀하신 것처럼 나꼼수가 나쁜 영향을 준 것 중 하나는 사람들이 생각을 안 하면서 김어준이 뭐라고 얘기할지 기다렸다가 앵무새처럼 그 말을 반복하며 움직였거든요. 언어폭력 정도이긴 했지만, 폭력적이기도 했죠. 지금은 더 나빠진 것이, 누굴 바라보는 것이 아니고 김어준이든 누구든 내가 싫어하는 말 하는 놈은 무조건 나쁜 놈이라고 하는 건데요.

고_ 기본적으로 SNS의 문제이기도 하지만, 한국 정치지형의 문제이기도 한 것 같아. 언어폭력이 진짜 심하잖아. 꼭 정치적 반대파들한테만 하는 것이 아니라 연예인들한테도 하고. 하여간 자기와 정치적 생각이 다르다는 이유만으로 그냥 아주 심한 욕을 대수롭지 않게 한단 말이야.

지_ 상대방 당에서 '병신 같아'라는 말이 나오면 어떻게 저런 말을 하냐고 난리를 치면서 자기와 그동안 같은 의견을 나눈 사람이 마음에 안 든다고 '암 잘 걸렸다. 잘 죽었다'고 하는 사람이 있잖아요. 이런 얘기를 누군가는 할 수 있다고 하더라도, 해서도 안 되지만, 나오면 말려야 되잖아요. 그런데 모르는 척하잖아요. 속으로 동의하거나, 시원하다고 생각하겠죠. 그걸 정의라는 이름으로 하고 있으니까 슬픈 거죠.

고_ 그렇지.

과연 이성을 믿을 수 있는가

지_ 황인숙 시인은 SNS 때문에 제일 망한 사람이 선생님이라고 하셨는데요.(웃음) 적도 많이 만들고 그랬는데, 또 하시잖아요. 뭔가 효능감이 있기 때문에 하시는 걸 텐데요.

고_ 외로워서 해. 요즘 조금 외롭네, 환갑이 지나니까 외롭더라고. 환갑이 지난 다음에 돈을 못 벌고 있으니까, 백수가 환갑이 넘으니까, 백수건달이 환갑이 넘으니까 슬프더구만. 아니 그래서 이건 우리끼리 얘기지만, 지형 힘들었을 때처럼 요새 자꾸 자살 충동이 생겨, 자살 충동을 조금이라도 줄여주는 것이 트위터지.

지_ 누군가와는 대화를 나눌 수 있는 거니까요. 선생님이 어느 책에서 "우리가 도덕적 행위를 하기 위해 신이 있을 필요는 없습니다. 우리의 이성이면 충분합니다"라고 했는데요, 요새 일어나는 일들을 보면 우리가 이성을 믿을 수 있나 하는 회의가 들거든요.

고_ 내가 그래서 조금씩, 최근 들어서 점점 나도 과연 이성을 믿을 수 있나, 이런 의구심이 들어. 이성의 광기라는 것도 있으니까.

지_ 히틀러도 자기는 이성적이라고 생각했겠죠. 자기만의 이성.

고_ 내 단단한 결심이 무신론자로서 죽는다는 것이었는데, 아무리 죽을 때가 가까워도 신은 찾지 않겠다고 했는데, 요즘은 잘 모르겠어.

지_ 사실 이어령 선생도 종교에 귀의하셨잖아요. 목사였던 따님 때문에 그런 부분도 있겠지만.

고_ 아직 종교를 갖게 되지는 않았는데, 어쩌면 종교를 갖게 될 수도 있지 않을까 하는 생각이 막연히 들기는 해. 이게 벌써 진 건데, 이성이 굴복한 거지.(웃음)

지_ 저도 일종의 회의주의자 같은데요. 선생님처럼 용감하게 회의주의적인 면을 드러내고 이야기하지는 않거든요. 양쪽으로부터 다 공격받고 외로울 수밖에 없는데요. 그럴 수밖에 없는 건가요? 외로움을 극복하려면 타협하고 어느 쪽 편을 슬쩍 들어주면 친구도 생기고, 돈도 들어올 수 있잖아요.

고_ 그런데, 내 문제가 거기 있어. 회의주의. 회의주의라는 것이 세상에 대한 의심을 거두지 않는 것, 누구 빠가 못 되는 것,

이것이 사는 데 불리한데, 아직까지는 회의주의자 같아. 아직까지는. 사람이 어떻게 변할지는 모르겠지만. 그런데 아까 말한 것이 내 말이 아니라 유명한 명제야. 버트런드 러셀이 『나는 왜 기독교인이 아닌가』라는 책에서 성공회 신부랑 논쟁을 하면서 성공회 신부가 '어떻게 신이 없이 도덕이 있을 수 있나? 도덕적인지 아닌지 하는 것의 기준이 신이 아니라면 뭐냐?'라고 하니까 러셀이 이성이라고 확실히 얘기한 거지.

지_ 점점 사람들이 자기 진영에 몰입하게 되고, 광장의 스펙터클에 압도되게 되면서 스스로 신이 되는 것 같습니다. 내가 정의다, 내가 생각하는 게 정의다.

고_ 스스로 신이라고 생각하지는 않겠지. 우리가 신이라고 생각할지는 모르겠지만.(웃음)

지_ 우리 국민은 아주 위대하다, 그것을 보면서 눈물을 흘렸다.

고_ 내가 조국이다, 우리가 조국이다.

지_ 총선 전망은 부정적으로 보시는 건가요? 이렇게 가다가는 다시 수구들이. 그동안의 분위기는 이해찬 대표가 물론 내

107

부 결집을 위한 모임에서 격려하는 말이라고 했지만, 이백 몇 십 석 이야기를 했지 않습니까?

고_ 이해찬의 20년 집권론이 그럴듯하게 들렸지. 그런데 조국이 뛰쳐나오면서 찌그러지기 시작했는데, 이것은 글쎄, 예측하지 말자고. 왜냐하면 총선까지 우리 정치지형이 다시 또 급변할 수 있으니까 예측하는 것이 현명해 보이진 않아. 그런데 어쨌든 불안감을 느껴. 내가 민주당은 싫어하지만, 그래서 민주당과 자한당이 똑같다고 말로는 그렇게 하지만, 그래도 어떻게 몇십 년 동안의 정치적 판단이 그렇게 쉽게 변하겠나? 자한당이 다시 또 다수당이 된다고 하면 참 끔찍한데.

지_ 그렇게 되지 않았으면 하고 경계의 말씀을 하시는 거잖아요. 박근혜, 최순실 국정농단 사태 때 총선을 했다면 자한당은 궤멸 수준이 됐을 거 같은데요.

고_ 지난번 지방선거가 그렇게 되어버린 거잖아. 지방선거에서 자한당이 완전히 아작이 났듯이 그때 총선을 했으면 자한당이 30석도 못 얻었지. 그런데 이제 그 좋은 기회가 날아갔지. 거기에 조국씨가 큰 역할을 했고. 그런데 나는 지금도 조국씨가 소위 조국 정국에서 맡았던 역할이 긍정적이었는지 부정적이었는지 명확한 판단은 안 서. 조국씨는 사람들이 몰랐던 자신의 헐벗은 내면을 고스란히 드러냄으로써, 사람들로 하여금 소위 진보좌파에 대한 환상에서 벗어나도록 만들었거든. 그리고 내가 누차 강조했지만, 양당제로는 안 된다, 다당제로 가야 한다는 공론을 만들어냈거든.

지_ 여당이 잘 관리를 했어야 하는데요. 특별히 저쪽이 잘하는 것도 없고, '황교안, 나경원이라 다행이야. 야당복은 타고났어' 하고 조롱을 했었잖아요.

고_ 그렇지. 그런데 이제 진보좌파에 대한 환상이 깨지면서 다당제가 정착될 계기가 마련된 셈이지.

지_ 정치는 말로 하는 거잖아요. 정치인들이 점점 자기를 드러내기 위해서 그런지, 말이 점점 품위 없어지고 과격해지고 있는데요. 정치인의 말과 품위에 대해서 어떻게 생각하십니까? 그게 회복이 되어야 좋은 정치가 될 것 같은데요. 상대방을 비난하는 것이 아니라 자기를 잘 드러내면서 국민들을 설득하는 것이 좋은 정치일 텐데요. '내가 쟤보다 나아' 정도의 정치에서 더 나아가야 되고요.

고_ '저 새끼가 나보다 더 나빠', 이게 더 문제지.(웃음) 어쨌든 정치는 말로 하는 거니까 말 중에서도 세련된 말이 정치의 언어여야 되는데, 한국에서 그게 못 이루어지는 것이 무척 아쉽고. 수사학이라는 말이 꼭 좋은 의미로만 쓰이는 것은 아니지만, 한국 정치인은 수사학을 배울 필요가 있지 않을까? 논리와 수사가 결합되는 것이 가장 좋은 말인데, 한국 정치는 논리도 없고, 수사도 없는 것 같아서 말이야. 수사와 논리로 제대로 얘기가 된다면 쌍욕 같은 것은 안 나오겠지.

지_ 언어 중에서도 으르렁말을 선생님도 지양해야 된다고 하셨지만, 선생님도 많이 하셨잖아요. 달레반이라든지, 깨시민이라든지.(웃음)

고_ SNS에서 많이 썼는데.(웃음) 지금도 억울한 게 달레반이라는 말은 거의 안 썼었어. 깨시민이라는 말은 많이 썼지. 깨시민이라는 말은 이제 낡기도 하고, 당사자들도 대범하게 받아들이는 것 같아. 그런데 우연히 달레반이라는 말과 내가 겹쳐가지고, 그 사람들한테서 비난을 엄청 받았어. 분하다는 생각이 드네.(웃음) 달레반이라는 말은 거의 정도가 아니라, 많이 썼으면 한두 번, 두세 번이나 썼을까 그래. 나중에는 달레반이라는 말을 내가 만들었다는 헛소문까지 퍼져서 아예 정설화되기도 했지. 여기서 분명히 말하는데 나는 달레반이라는 말을 만들지도 않았고 쓰지도 않아. 내가 문위병이라는 말은 만들어서 많이 썼지. 문재인 홍위병이라는 뜻으로. 그래도 문위병이라는 말 역시 심하게 들리나? 어때, 느낌이?(웃음)

지_ 누군가에게 심하게 딱지를 붙이는 것은 그렇지만, 서로 그런 정도는 주고받는 것이 나쁘지 않을 수도 있다는 생각이 드는데요. 빽빠지, 난닝구는 귀엽게 상대방을 디스하는 정도 아닌가요? 일반인들이라면 모르겠지만, 그루핑 된 사람들이라면 그런 정도는 받아서 유머스럽게 상대방을 디스하는 것도 말로 정치하는 것의 일종이 될 수도 있을 것 같은데요.

고_ 아, 지형, 중요한 지적을 해야겠네. 빽빠지와 난닝구는 대칭이 될 수가 없는 게, 빽바지는 어떤 정치집단—구체적으로는 유시민씨를 중심으로 한 정치집단—이나 이데올로기와 관련이 있다면 난닝구라는 단어는 호남이라는 지역에 더 밀착이 되어 있거든. 그래서 대칭이 될 수가 없어. 난닝구라는 말에는 호남 정치인을 넘어서 호남 사람 일반에 대한 경멸의 의미가 담겨 있다고. 그래서 내가 난닝구라는 말에 좀 화를 내는 거지. 물론 호남 사람 중에는 그 경멸의 의미에 저항하느라 일부러 그 말로 자칭을 하는 이들도 있긴 하지.

지_ 거기에 약자에 대한 혐오가 포함이 되어 있다는 거네요.

고_ 당연히 그렇지. 난닝구의 정의에 따르면 옛 민주당이 분당될 때 열린우리당에 가지 않고 민주당 안 떠난 사람들은 다 난닝구인데, 그때 민주당에 남아 노무현 대통령 탄핵까지 했던 추미애한테는 난닝구라고 하나? 난닝구라는 말은 추미애한테는 연결이 안 되어 있는 것처럼 보이거든.

지_ 대구 출신이라.

고_ 그렇지. 추미애가 호남 출신이면 당연히 연결이 되겠지.

지_ 말씀 듣고 보니까 호남의 적극적인 옛 민주당 지지자들, 나이든 사람들을 조롱하는 프레임을 많이 씌웠죠. 정리하는 차원에서 한말씀해주시죠.

고_ 정리하고 싶은 말은, 지형이 이 녹취를 풀어서 메일로 보내주면 내가 충성을 다 바쳐서 읽어볼게. 많이 고치지야 않겠지만, 고칠 데가 있으면 고쳐볼게. 명예훼손죄나 모욕죄로 안 걸리도록 말이야. 이 책을 읽으면 조국씨가 기분이 아주 나쁘겠지만, 고위 공직자를 지낸 사람이니 그 정도는 참아주겠지. 지형도 녹취를 풀면서 더 생각나는 것이 있으면 집어넣어. 이 책이 팔릴 요소가 있다면 별다른 통찰을 보여준 것이 아니라 사람들에 대한 평이라고 생각하는데, 이 대담의 계기를 만든 조국씨를 비롯해 황현산, 공지영, 유시민, 진중권, 김규항 이런 사람들에 대한 얘기를 했지만, 자세히 얘기 안 한 게 아쉽네. 이 책이 재밌으려면 사람 이야기가 더 나왔어야 했는데. 사람 이야기가 안 나오면 재미가 없다고. 이 책이 나와서 광고를 하려면 그런 식으로 해야 되거든. 이 시대의 논객들에 대한 가차없는 조롱이라든가, 약간 뻥을 쳐야지. 그래야 책이 나가지. 지금 지형도 책 수십 권 낸 사람이 책 한 권 더 내는 게 별 의미가 없잖아. 우리의 목표는 돈이기 때문에, 돈 있는 사람들은 좀 씹어도 되잖아. 김어준 같은.(웃음)

지_ 그들은 반응을 안 하겠죠. 반응을 해주는 것이 책 파는 데 도움이 될 테지만요.(웃음)

번외편

* 2년 전에 인터뷰집을 한번 내보자고 대담을 시작했다가 고종석 선생의 건강 문제로 더이상 진행하지 못하였습니다. 그때의 기록이 아쉬워 여기에 번외편으로 남겨둡니다.

지_ 천하의 문장가, 넘버원 에세이스트 고종석이 몰락한 이유는 무엇이라고 생각하십니까?

고_ '천하의 문장가', '넘버원 에세이스트'는 그냥 밑밥으로 깔아놓은 말이고, 지형이 정작 하고 싶은 말은 내가 몰락했다는 거군.(웃음) 일종의 억양법 말이야. 몰락이라, 내게 별달리 '리즈 시절'이라고 할 만한 때가 없었으니, 몰락이라는 말이 크게 실감나지는 않아. 그렇지만 지금 직장이 없는 백수상태고 특별한 수입이 없으니, 직장과 고정 수입이 있었던 때에 비하면 몰락이라고도 할 수 있겠네. 그 가장 큰 이유는 내 게으름이겠지. 정년을 10년도 훨씬 넘게 남겨두고 일찍 신문사를 그만둬버린 것. 그리고 주제넘게 절필선언을 한 것. 할 수 있는 일이라고는 글 쓰는 일밖에 없는데 글을 쓰지 않고 있잖아. 정식으로 글도 쓰지 않는데다가, SNS를 하게 된 게 내게 독이 됐다고 생각해. 특히 트위터를 통해서 내가 '쉬운 사람'이 되어버렸고, 어쩌면 내가 한때 가지고 있었을지도 모를 아우라라고 할까, 그게 깨져버린 거지. 트위터에서 모두까기 인형 노릇을 하다보니 적을 너무 많이 만들었고. 그걸 깨닫고는 트위터를 끊었었는데, 뭔가 허전해서 다시 시작하고 있지. 이것도 내게는 독인 거 같아. 시대에 대한 발언이 나를 고립시키고 있는 거니까 뭐, 크게 보면 시대 탓이지.(웃음)

지_ 시대와의 불화라고 생각하십니까? 아니면 시대의 한계라고 생각하십니까?

고_ '시대의 한계'라는 말은 감히 내가 할 수 없지. 그 말은 내가 시대를 잘못 만난 재능이라는 잘난 척을 함축하고 있으니까. 그렇지만 내가 시대와 불화를 겪고 있는 건 확실해. 그런데 그런 시대와의 불화는 근년에 들어서 생긴 게 아니라 내일생을 통해 겪은 거니까, 근년의 이른바 몰락과는 큰 관계가 없는 것 같아.

지_ 그 시대와의 불화를 낳은 이유들 가운데 본인의 문제도 포함됩니까?

고_ 당연하지. 이따가 따로 얘기할 기회도 있겠지만, 내 소수자 감수성이 그 불화를 낳은 가장 큰 이유라고 생각해. 그 소수자를 경계인이라 달리 표현할 수도 있고. 아무튼 나는 60년 넘게 사는 동안 주류에 속해본 적이 거의 없어. 그리고 그건 내 뿌리가 전라도에 있다는 사실과 밀접히 관련돼 있을 거야. 내게 전라도는 모든 소수파, 소수자의 상징인 셈이지.

지_ 말에는 으르렁말과 가르랑말이 있다고 말씀하셨습니다.

이 시대는 으르렁말이 범람하고 있는데요. 그 이유는 뭐라고 생각하시며, 개선될 여지가 있다고 생각하십니까?

고_ 표현적·정서적 언어를 으르렁말과 가르랑말로 나눈 건 미국의 언어학자 새뮤얼 하야카와지. 어떤 사회에나 어떤 시대에나 으르렁말과 가르랑말은 비슷한 비율로 있다고 생각해. 그건 "'~빠'와 '~까'의 사회학"이라고 할 만한 현상이 어느 시대에나, 어느 사회에나 있기 때문이지. 누군가에게 가르랑말을 쓰는 사람은 그 누군가의 적에 대해서는 으르렁말을 쓰게 마련이야. 예컨대 소위 문빠들은 문재인 대통령과 관련해 거의 가르랑말을 쓰지만, 문재인 대통령의 정치적 적에 대해서는 으르렁말을 쓰지. 문제는 으르렁말과 가르랑말의 비율이 문제가 아니라, 절대적 양이야. 으르렁말과 가르랑말은 언어의 표현적·정서적 기능에 주로 봉사하는데, 그런 말들이 활개치는 사회는 이성이나 합리성이 부족한 사회일 개연성이 높아. 되도록 어떤 노골적 호오가 배제된 개념적 언어, 중립적 언어를 쓰는 것은 그래서 중요한 거야. 글쟁이든 아니든.

지_ 선생님도 SNS 논쟁 등을 통해 으르렁말로 맞대응을 많이 하셨습니다.

고_ 맞아. 다른 이들이 으르렁말을 하면 그걸 무시하거나 관대하게 대하지 못하고 나 역시 으르렁말로 대하는 경우가 많았지. 그게 아까 지형이 말한 내 '몰락'의 가장 중요한 이유일지도 모르겠어.

지_ '시대 변화는 말의 변화, 마음의 변화로부터 시작된다'고 하셨습니다. 말과 마음이 오염된 시대 같습니다. 이런 상황에서 좋은 시대 변화는 어떻게 이끌어내야 할까요?

고_ 내가 그런 말을 한 적이 있던가? 물론 언어나 마음이 세계에 영향을 주기도 하지만, 세계가 언어나 마음에 영향을 주는 정도가 그보다 더 크니까, 고운 말 쓰기 운동이나 고운 마음 갖기 운동이 좋은 변화를 이끌어내는 데 결정적이라고 할 수는 없겠지. 어떤 자본가가 고운 말로 노동자들을 착취한다고 해서 그가 거친 말로 노동자들을 착취하는 자본가보다 세상을 더 낫게 만들지는 않아. 그렇지만 나는 그 점을 항상 마음에 새기면서도 '정치적 올바름', 소위 PC는 좌우극단주의자들이 생각하는 것보다는 사회를 낫게 만드는 데 기여한다고 생각해. '좌빨'이나 '좌좀'이라는 으르렁말보다는 '좌파'라는 중립적 언어를 쓰는 게 낫다는 거지. 물론 PC에는 함정도 있어. 어떤 사람들은 PC를 오웰리언 언어의 일종이라고 경계하기도 하지. 조지 오웰의 소설 『1984』에 나오는 뉴스피크 (Newspeak)라는 거야. '때밀이'를 '목욕관리사'나 '세신사'라고 '정치적으로 올바르게' 부른다고 해서 때밀이의 사회경제적 처지가 바뀌는 것은 아니잖아. 그렇다고는 해도 나는 리버럴답게 PC의 효용을 인정해. 말이나 마음이 세상보다 먼저는 아니지만, 정확한 말, 공정한 마음이 세상을 바꾸는 데 이바지할 수 있다고 생각해.

지_ 글쟁이의 미래에 대해서는 어떻게 생각하십니까? 어떤 돌파구가 있을까요?

고_ '돌파구'라는 말은 글쟁이나 글쓰기에 대한 지형의 비관주의를 드러내는 것 같은데, 나는 글쓰기와 글쟁이의 미래에 낙관적이야. 그것이 어떤 글이냐 하는 장르의 문제는 있겠지만.

지_ 한동안 한윤형, 김현진, 노정태 같은 젊은 논객들을 칭찬하셨습니다. 아마도 젊은 글쟁이들이 성장해주길 바라는 마음이셨을 것 같습니다. 지금 그들의 위치에 대해서는 어떻게 생각하십니까?

고_ 나는 한윤형씨나 노정태씨가 아카데미션이 되기를 은근히 바랐는데, 그분들은 저널리스트가 되기로 마음을 정한 것 같아. 김현진씨 같은 경우는 여러 장르의 쓰기를 시도하기 바랐고, 지금 그런 것 같고. 다 제가끔 갈 길을 가고 있는 거지.

지_ 선생님의 조금 이른 칭찬이 그들에게 독이 됐다는 의견도 있습니다. 그 점에 대해서는 어떻게 생각하십니까?

고_ 그럴 수도 있겠지. 나는 그분들 나이에 어른의 칭찬을 못 들어봤으니까. 우쭐하는 마음이 약이 되는 경우는 드물긴 해. 그렇지만 방금 언급한 세 분이 10년 전이나 지금이나 빼어난 글쟁이라는 데는 사람들이 다 공감할 것 같아. 그 사람들의 정치적·사회적 견해에 대해서는 비판적일 수도 있겠지만. 이를테면 나는 노정태씨가 그렇게 급진적인, 급진적이라는 말 외에는 다른 말이 생각이 잘 안 나는데, '막무가내의 페미니스트'가 될 줄은 몰랐어. 어떨 때는 노정태씨가 추구하는 것을 페미니즘이라고 불러도 되나 하는 생각이 들 때도 있어. 그렇지만 노정태씨에겐 노정태씨의 길이 있는 거고, 또 노정태씨가 페미니즘 얘기만 하는 건 아니잖아. 노정태씨의 정치평론, 재미있게 읽고 있어. 다만 노정태씨가 어떤 사안에서든 드물지 않게 일종의 근본주의적 태도를 취한다는 건 좀 께름칙하다고 생각하지만.

잡담
조국 이후의 한국 정치

초판 1쇄 인쇄 2019년 11월 22일
초판 1쇄 발행 2019년 12월 2일

지은이 고종석 지승호 | 펴낸이 신정민

편집 최연희 | 디자인 엄자영 | 저작권 한문숙 김지영
마케팅 정민호 김도윤 | 홍보 김희숙 김상만 오혜림 지문희 우상희
모니터링 이희연 | 제작 강신은 김동욱 임현식 | 제작처 한영문화사

펴낸곳 (주)교유당
출판등록 2019년 5월 24일 제406-2019-000052호

주소 10881 경기도 파주시 회동길 210
문의전화 031) 955-2696(마케팅) | 031) 955-3583(편집)
팩스 031) 955-8855
전자우편 paper@munhak.com

ISBN 979-11-90277-16-7 03300